쑥쑥팡팡 영재만들기

Step 1. 윈도우11 & 파워포인트 2021

Step 1. 윈도우11 & 파워포인트 2021

초판 1쇄 발행일   2025년 1월 15일

지 은 이   이미경

발 행 인   유정환

제작총괄   신효순

기획편집   오은라이프사이언스 R&D 팀

마 케 팅   신효순

발 행 처   오은라이프사이언스(주)

등   록   2021년 9월 23일(제 2022-000340호)

주   소   서울특별시 강남구 선릉로 660, 207호(삼성동, 브라운스톤레전드)

전   화   (070)4354-0203

저작권자   ©오은라이프사이언스(주)

ISBN   979-11-92255-40-8   13000

1 2 3 4 5

6 7 8 9 10

11 12 13 14 15

16 17 18 19 20

21 22 23 24 25

26 27 28 29 30

타자 연습표

단계	나는야 타자왕								
1단계	자리연습								
	낱말연습								
2단계	자리연습								
	낱말연습								
3단계	자리연습								
	낱말연습								
4단계	자리연습								
	낱말연습								
5단계	자리연습								
	낱말연습								
6단계	자리연습								
	낱말연습								
7단계	자리연습								
	낱말연습								
8단계	자리연습								
	낱말연습								
짧은글 연습									

목차  Contents

1 컴퓨터 익히기

01 컴퓨터 켜기

1 컴퓨터 본체와 모니터의 전원 단추를 누릅니다.

TIP 전원 단추의 위치는 컴퓨터와 모니터마다 달라요.

알아두기

부팅이란?

본체의 전원 단추를 누르고 바탕 화면이 나올 때까지를 부팅(Booting)이라고 해요.

2 바탕 화면이 나올 때까지 기다립니다.

02 윈도우 화면 알아보기

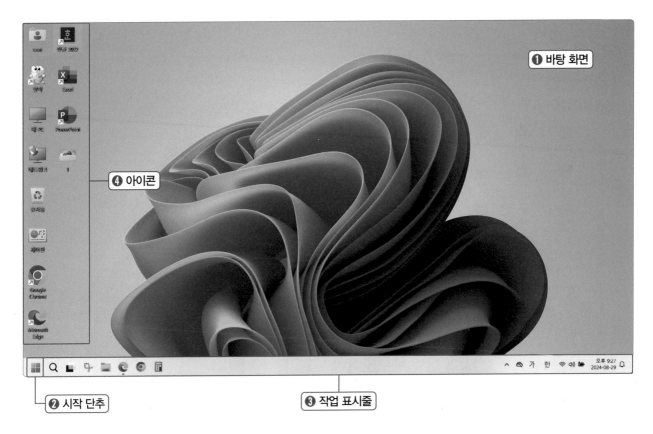

❶ **바탕 화면** : 컴퓨터를 켜면 나타나는 화면으로 윈도우 작업공간입니다.

❷ **시작 단추** : 프로그램을 실행하거나 컴퓨터를 끄는 작업을 할 수 있는 곳입니다.

❸ **작업 표시줄** : 현재 실행하고 있는 프로그램이나 창의 이름이 표시되는 곳입니다.

❹ **아이콘** : 프로그램이나 기능을 나타내는 작은 그림입니다.

알아두기

로그인과 로그 오프

• **로그인** : 컴퓨터를 사용할 때 사용자가 컴퓨터에 자신을 알리고 등록하는 작업을 말해요.

• **로그 오프** : 컴퓨터를 사용한 후 사용자가 사용을 끝내겠다는 것을 알리고 나오는 작업을 말해요.

03 컴퓨터 끄기

1 [시작(⊞)] 단추를 누르고 [전원]의 [시스템 종료]를 선택합니다.

2 컴퓨터가 꺼지면 모니터의 전원을 눌러 끕니다. 컴퓨터를 바르게 켜고 꺼야 오래 사용할 수 있습니다.

🍿 알아두기

컴퓨터 전원 메뉴

- **잠금** : 사용자가 시스템을 종료하거나 재시작할 때 다른 사용자가 컴퓨터를 사용하지 못하도록 잠글 수 있어요.
- **절전** : 작업을 빠르게 다시 시작할 수 있도록 작업 중인 내용을 메모리에 저장하고, 컴퓨터를 절전상태로 바꿔요.
- **시스템 종료** : 열려 있는 프로그램을 모두 닫고 윈도우를 종료해요.
- **다시 시작** : 열려 있는 프로그램을 모두 닫고 윈도우를 종료한 다음 다시 시작해요.

04 컴퓨터 가족 알기

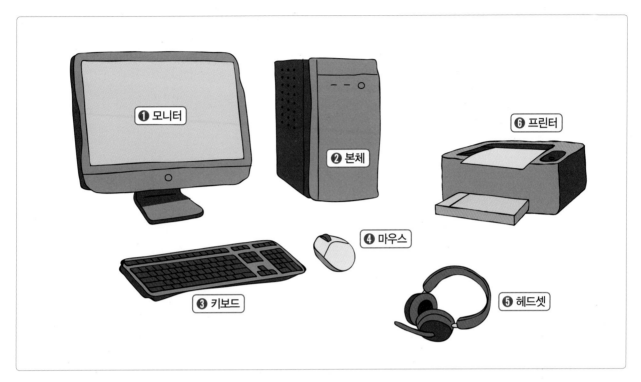

❶ 모니터
❷ 본체
❻ 프린터
❹ 마우스
❸ 키보드
❺ 헤드셋

❶ **모니터** : 글자나 그림을 보여주는 일을 해요 = **사람의 눈**

❷ **본체** : 컴퓨터에서 가장 중요한 역할을 하는 장치로, 프로그램과 명령을 기억하고 다른 장치에게 명령을 내려요 = **사람의 머리**

❸ **키보드** : 컴퓨터에 글자를 입력해요 = **사람의 손**

❹ **마우스** : 컴퓨터에 명령을 입력해요 = **사람의 손**

❺ **헤드셋** : 컴퓨터에서 나는 소리를 들려줘요 = **사람의 귀**

❻ **프린터** : 화면에서 보이는 결과를 종이로 출력해 줘요 = **사람의 입**

입력 장치 (키보드, 마우스)

● 키보드는 무엇을 입력하는 장치인가요?

....

....

● 마우스는 언제 사용하는 장치인가요?

....

....

출력 장치 (프린터, 모니터, 헤드셋)

● 모니터는 무엇을 출력하는 장치인가요?

....

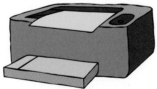

● 프린터는 무엇을 출력하는 장치인가요?

....

● 헤드셋은 무엇을 출력하는 장치인가요?

....

....

① 아래 그림을 보고 컴퓨터 구성요소의 이름을 적어보세요.

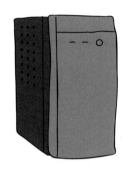

② 내용을 읽고 올바른 행동에 'O'표, 잘못된 행동에는 'X'표를 하세요.

① 키보드가 잘 안 눌러져서 손바닥으로 탕탕 쳤어요. [   ]

② 컴퓨터가 고장 난 것 같아서 선생님께 말씀드렸어요. [   ]

③ 컴퓨터를 빨리 끄기 위해 전원 난추를 눌렀어요. [   ]

④ 목이 말라서 물을 마시면서 컴퓨터를 사용했어요. [   ]

2 마우스 익히기

 마우스 사용의 기본

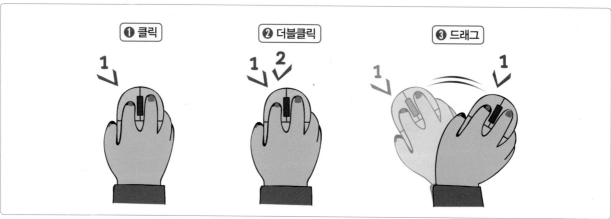

❶ **클릭(선택)** : 왼쪽 단추를 한번 눌러 선택할 수 있습니다.

❷ **더블클릭(실행)** : 왼쪽 단추를 빠르게 두 번 눌러 명령을 실행합니다.

❸ **드래그(이동)** : 왼쪽 단추를 누른 상태에서 끌어 그림이나 글자를 이동시킬 수 있습니다.

알아두기

자주 사용하는 마우스 포인터 익히기

선택	⬉	도움말 선택	⬉?
백그라운드 작업	⬉○	작업 중	○
정밀도 선택	+	텍스트 선택	I
사용할 수 없음	⊘	연결 선택	🖑

02 바탕 화면과 윈도우 창 알아보기

1 컴퓨터를 켜면 나타나는 화면을 '바탕 화면'이라고 합니다. 바탕 화면은 여러 가지 작업을 할 수 있는 공간입니다.

2 바탕 화면에 있는 작은 그림을 '아이콘'이라고 합니다. 바탕 화면에서 [내 PC] 아이콘을 더블클릭하면 [내 PC] 창이 열립니다.

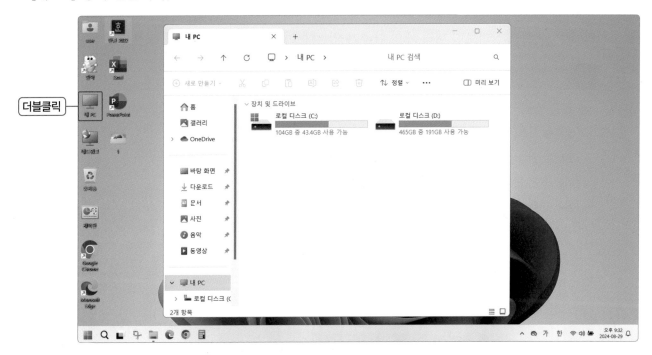

창 다루기

1 바탕 화면에 창이 열렸을 때 마우스 포인터를 창의 가장자리로 가져가면 마우스 포인터의 모양이 ⟺, ⇕ 등으로 바뀝니다.

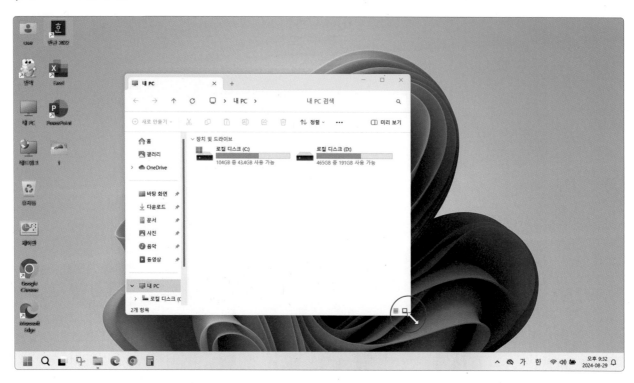

2 마우스 포인터 모양이 바뀐 상태에서 드래그하면 창의 크기가 바뀝니다.

3 창의 오른쪽 위를 살펴보면 여러 개의 단추가 있는데 이 단추를 클릭해 창의 크기를 바꿀 수 있습니다.

알아두기

창 크기 조절 단추

- **[최소화 단추(-)]** : 작업 표시줄로 숨어요.
- **[최대화 단추(□)]** : 화면에 꽉 차게 커져요.
- **[이전 크기 단추(⧉)]** : 원래 크기로 돌아가요.
- **[닫기 단추(×)]** : 창을 닫아요.

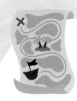

혼자해 보기

❶ 아래 그림을 보고 창 조절 단추의 이름을 적어보세요.

─	
□	
⧉	
✕	

❷ 마우스의 그림과 명칭에 맞게 짝을 이어보세요.

클릭 •   •

더블클릭 •   •

드래그 •   •

 컴퓨터를 다루는 바른 자세

① 팔꿈치 높이는 키보드보다 같거나 조금 아래로 합니다.

② 모니터 화면은 눈높이보다 약간 15~30° 아래로 둡니다.

③ 눈과 모니터의 거리는 40~50cm 정도를 유지합니다.

④ 키보드와 마우스는 팔꿈치 높이와 같거나 낮게 놓습니다.

⑤ 두 손의 엄지를 뺀 나머지 손가락은 자연스럽게 구부려 기준 키 위에 올립니다.

⑥ 발은 편안히 바닥에 닿게 합니다.

⑦ 허리는 곧게 펴고 의자에 붙여 앉습니다.

⑧ 약 30분마다 10분씩 휴식을 취합니다.

02 올바른 키보드 사용법

1 키보드를 칠 때는 왼손 검지를 'ㄹ'에, 오른손 검지를 'ㅓ'에 올려놓은 다음 나머지 손가락을 가지런하게 올려놓아요.

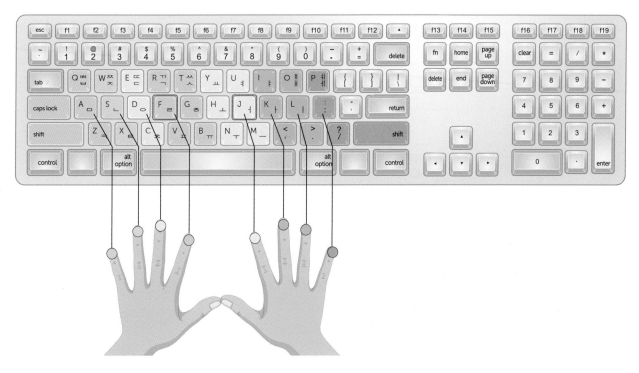

2 □칸에 알맞은 기본자리 글쇠를 적고 칸을 채워보세요.

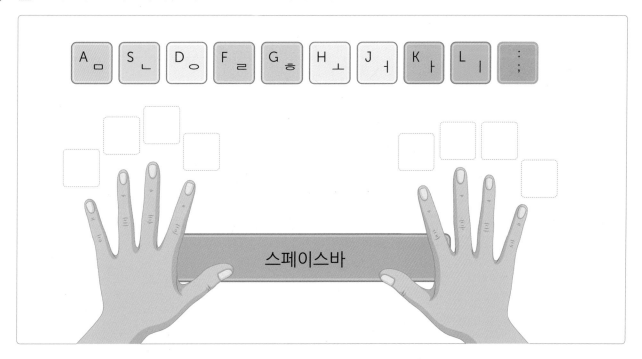

03 자음과 모음으로 글자 만들기

1 아래 표의 빈칸을 채우고 타자 연습을 해보세요.

자음키 \ 모음키	ㅗ	ㅓ	ㅏ	ㅣ
ㅁ	모			미
ㄴ		너		
ㅇ	오		아	
ㄹ				

2 아래의 낱말을 바르게 풀어서 자음과 모음으로 적어보세요.

나	이	➡				

누	나	➡				

모	아	➡				

로	마	➡				

노	아	➡				

나	리	➡				

3 낱말을 보고 소리 내어 읽은 후 빈칸에 옮겨 적고 타자 연습을 해보세요.

| 우 | 리 | ➡ | | | | |

| 나 | 라 | ➡ | | | | |

| 아 | 이 | ➡ | | | | |

| 오 | 이 | ➡ | | | | |

| 오 | 리 | ➡ | | | | |

| 머 | 리 | ➡ | | | | |

| 어 | 머 | 니 | ➡ | | | | |

| 미 | 나 | 리 | ➡ | | | | |

| 미 | 리 | ➡ | | | | |

| 이 | 미 | ➡ | | | | |

| 어 | 미 | ➡ | | | | |

| 어 | 머 | 나 | ➡ | | | | |

04 보조 키 이름 알기

키 모양	이름	역할
Esc	이에스씨	지금 하고 있는 일을 멈추거나 창을 닫아요.
Shift	쉬프트	대문자나 쌍자음을 입력할 때 눌러요.
윈도우 로고	윈도우 로고	다른 키와 함께 눌러 특별한 명령을 실행해요.
Back Space	백 스페이스	왼쪽 글씨를 한 글자씩 지워요.
Tab	탭	글씨 간격을 띄우거나 다음 칸으로 이동해요.
Ctrl	컨트롤	다른 키와 함께 눌러 특별한 명령을 실행해요.
한자	한자	한글 글자를 한자로 바꿔요.
Enter	엔터	줄을 바꾸거나 명령을 실행해요.
Caps Lock	캡스 락	대문자를 계속 입력할 수 있게 해줘요.
Alt	알트	다른 키와 함께 눌러 추가 명령을 실행해요.
한/영	한영	한글과 영어 입력을 바꿔요.
Space	스페이스	빈칸을 만들어요.
Insert	인서트	글자를 덮어쓰거나 추가로 써요.
Home	홈	줄 맨 앞으로 이동해요.
Page Up	페이지 업	화면을 위로 올려요.
Num Lock	넘버 락	키패드의 숫자를 쓸 수 있게 해요.
Delete	딜리트	오른쪽 글씨를 한 글자씩 지워요.
End	엔드	줄 맨 끝으로 이동해요.
Page Down	페이지 다운	화면을 아래로 내려요.
Scroll Lock	스크롤 락	화면 스크롤을 잠그거나 풀어요.

알아두기

보조 키

키보드의 보조 키는 미리 정해놓은 특별한 일을 할 수 있는 키를 말해요. 이 키들은 다른 키와 함께 사용할 때도 있고, 혼자 사용할 때도 있어요.

1 키보드 키(Key)의 이름을 바르게 연결해 보세요.

ㄱ Enter ●   ● ㉮ 시프트키

ㄴ Shift ●   ● ㉯ 컨트롤키

ㄷ Ctrl ●   ● ㉰ 엔터키

ㄹ Delete ●   ● ㉱ 딜리트키

ㅁ 한/영 ●   ● ㉲ 한/영 키

2 모니터에 내 이름을 적어보세요.

_____초등학교
_____의 컴퓨터

3 모니터에 가족의 이름과 나의 단짝 친구 이름을 적어보세요.

나의 가족
할아버지, 할머니,
아빠, 엄마, 나, 동생

나의 친구
이은채, 이윤석, 정다윤,
홍연서, 남예준, 임다은

4 내 방 꾸미기

01 키보드 익히기

1 아래의 낱말을 바르게 풀어서 자음과 모음으로 적어보세요.

만	남	➡						

엄	마	➡						

난	민	➡						

라	일	락	➡							

난	장	이	➡							

라	디	오	➡						

라	면	➡					

2 아래의 낱말을 적어보고 컴퓨터로 타자 연습을 해보세요.

고양이 나비 사과 바다 하늘
엄마 아빠 형 언니 오빠 누나 동생

02 온라인 그림 삽입하기

1 파워포인트를 실행한 후 [삽입] 탭의 [이미지] 그룹에서 [그림]을 클릭해 [온라인 그림]을 선택합니다.

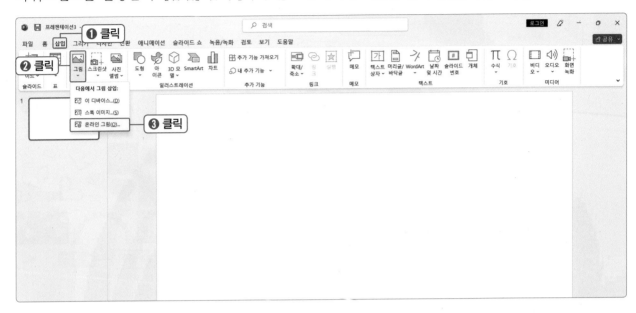

알아두기

온라인 그림

온라인 그림은 컴퓨터로 문서를 만들 때 여러 가지 그림을 쉽게 쓸 수 있도록 모아 놓은 것이에요.

2 [온라인 그림] 창에 찾고 싶은 것을 입력하고 Enter 키를 누르면 입력한 것과 관련된 그림을 찾아줍니다.

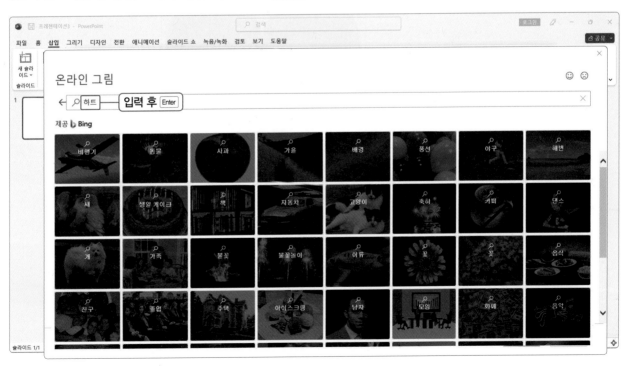

3 찾은 그림 중에서 원하는 그림을 선택하고 [삽입]을 클릭합니다.

4 내가 고른 그림이 슬라이드에 삽입됩니다.

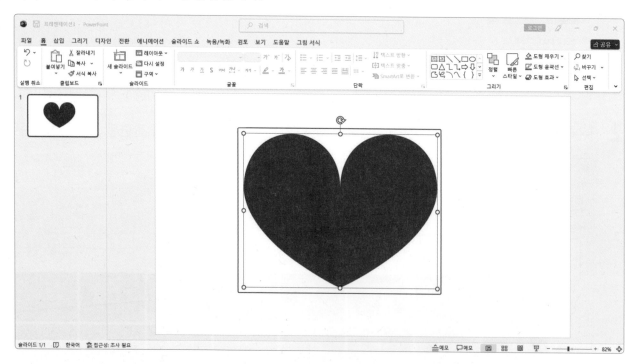

03 그림의 크기와 위치 바꾸기

1 그림의 크기를 바꾸려면 그림의 모서리의 조절점(○)을 드래그
합니다.

알아두기

그림의 크기 바꾸기

좌우 크기 조절

상하 크기 조절

전체 크기 조절

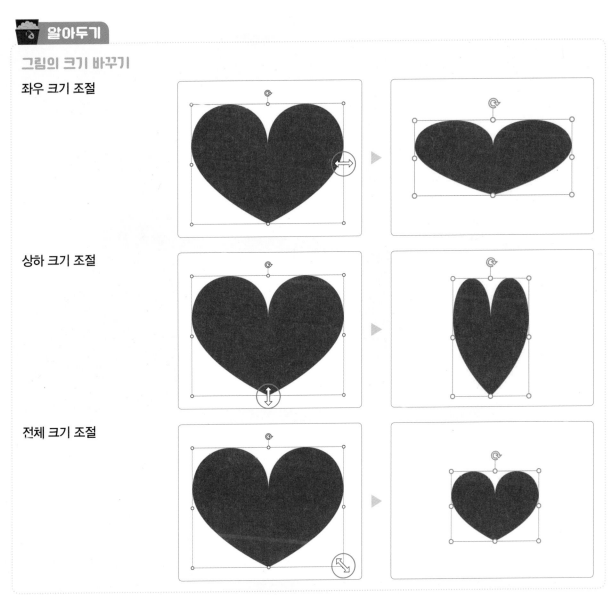

2 그림을 다른 위치로 바꾸려면 그림에 마우스 포인터를 위치한 다음 모양이 (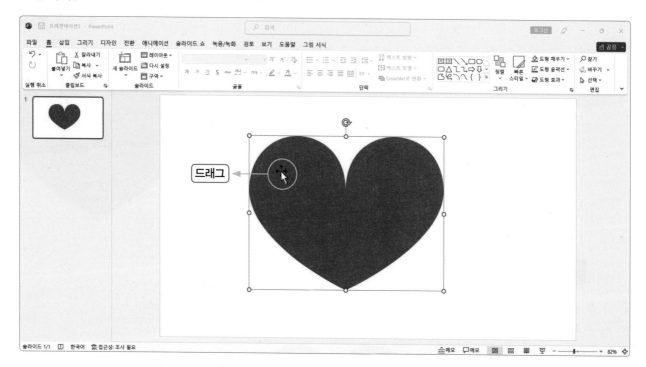)과 같이 바뀌면 드래그합니다.

3 그림을 회전하려면 마우스 포인터를 그림의 회전 조절점(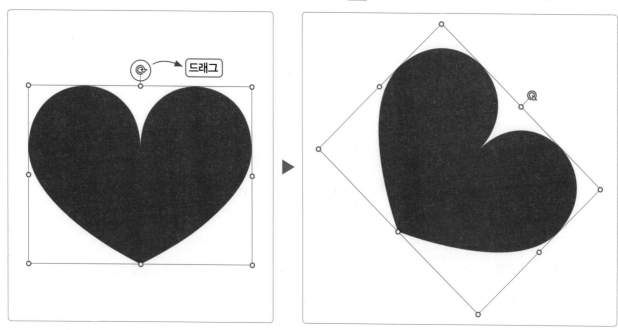)에 위치한 다음 드래그합니다.

그림의 배경색을 투명하게 만들기

1 [삽입] 탭의 [이미지] 그룹에서 [그림]을 클릭해 [온라인 그림]을 선택합니다.

2 [온라인 그림] 창이 열리면 '스마일'을 입력하고 Enter 키를 누릅니다. 검색 결과에서 배경이 있는 그림을 선택해 삽입합니다.

3 그림을 선택하고 [그림 서식] 탭의 [조정] 그룹에서 [배경 제거]를 선택합니다.

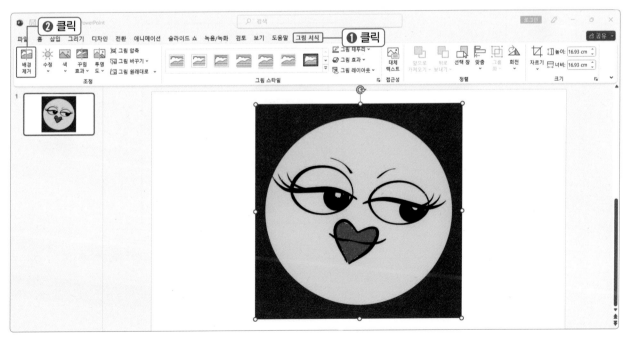

4 [배경 제거] 탭의 [미세 조정] 그룹에서 [보관할 영역 표시]를 선택합니다. 그림에서 남기고 싶은 부분을 드래그해 선택합니다.

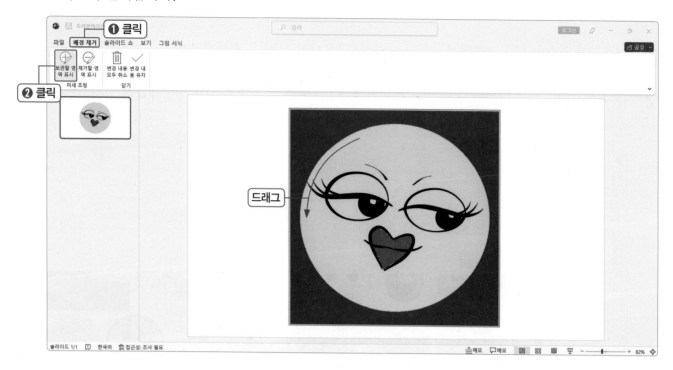

5 만약 지워지지 않은 배경이 있다면 [배경 제거] 탭의 [미세 조정] 그룹에서 [제거할 영역 표시]를 선택한 후 지우고 싶은 부분을 드래그하여 완성합니다

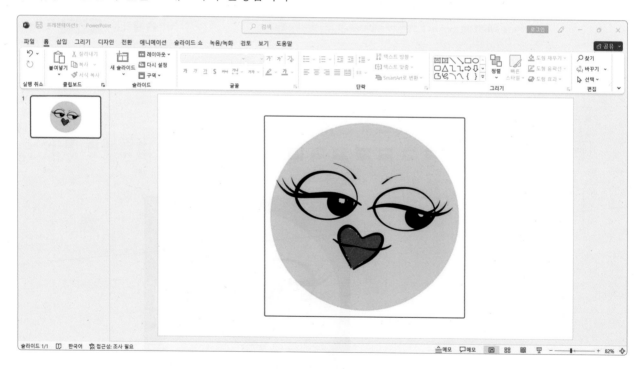

▶ 준비 파일 : 4_혼자해보기(준비).pptx ▶ 완성 파일 : 4_혼자해보기(완성).pptx

❶ 그림을 이동하고 크기를 바꿔 나만의 멋진 방을 꾸며보세요.

❷ [온라인 그림]을 검색하여 원하는 꽃과 나무를 방에 넣어주세요.

5 병아리 코디하기

01 키보드 익히기

1 아래의 낱말을 적어보고 컴퓨터로 타자 연습을 해보세요.

나리　나리　개나리
미리　미리　미나리
이리　이리　오너라

2 동물원에 갔을 때 보았던 동물들의 이름을 적어보세요.

①

②

③

④

⑤

⑥

⑦

⑧

⑨

3 그림과 낱말을 보고 소리 내어 읽은 후 빈칸에 옮겨 적어보세요.

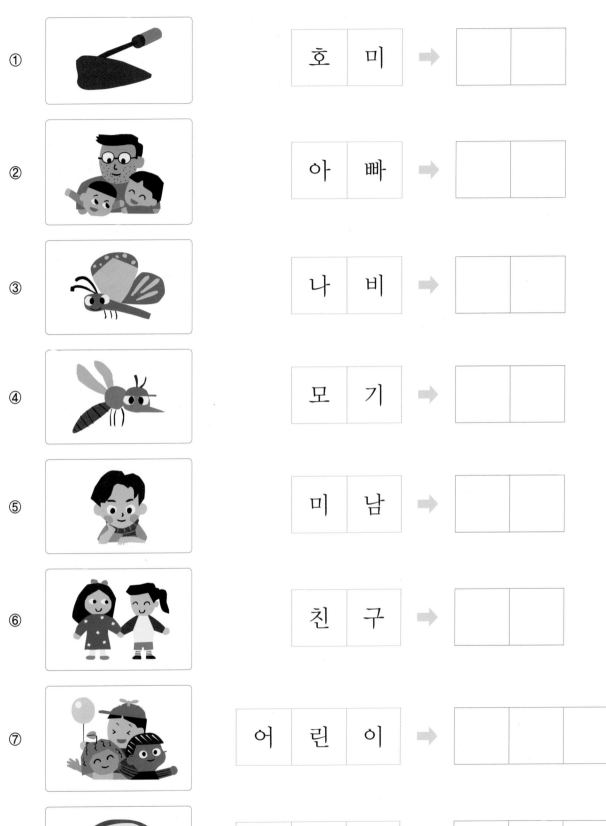

① 호 미 ➡

② 아 빠 ➡

③ 나 비 ➡

④ 모 기 ➡

⑤ 미 남 ➡

⑥ 친 구 ➡

⑦ 어 린 이 ➡

⑧ 무 지 개 ➡

병아리 코디하기

▶ 준비 파일 : 5_준비.pptx   ▶ 완성 파일 : 5_완성.pptx

1 [시작(▦)]을 클릭해 [모든 앱]의 [PowerPoint]를 클릭하여 파워포인트를 실행한 후 '5_준비.pptx' 파일을 불러옵니다.

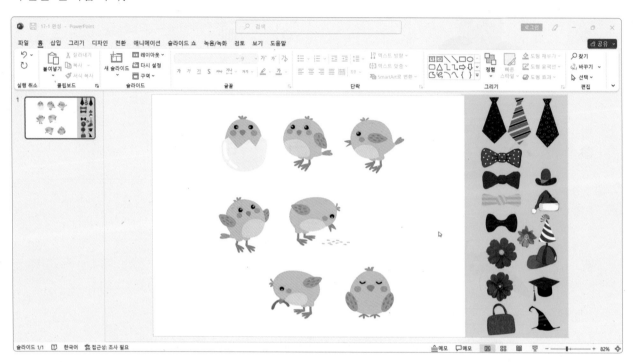

2 오른쪽에 있는 모자를 병아리가 있는 곳으로 드래그합니다.

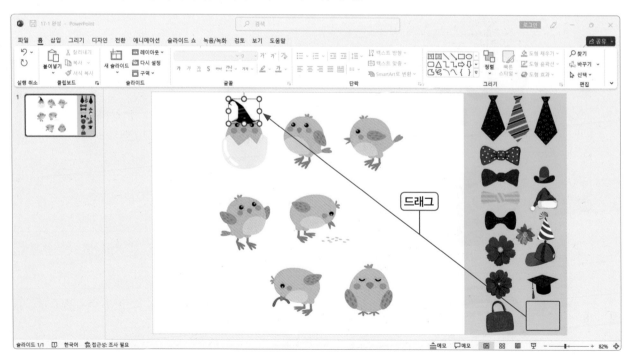

3 같은 방법으로 리본을 드래그해 병아리를 꾸며줍니다.

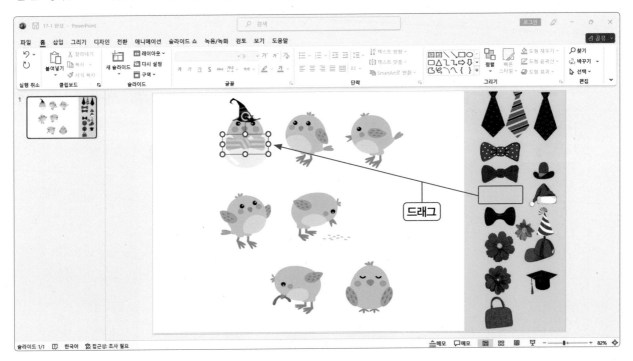

4 리본이나 모자가 너무 크거나 작으면 모서리를 드래그해 크기를 바꿔 줍니다.

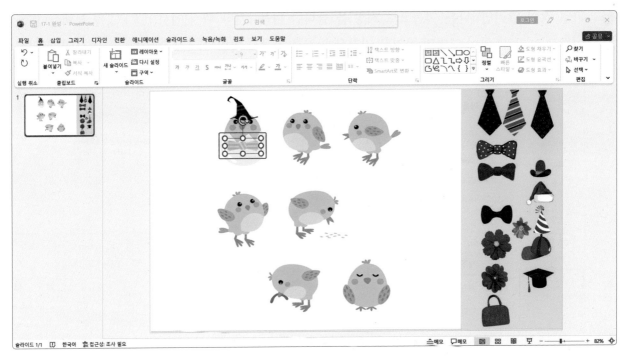

5 같은 방법으로 나머지 병아리를 모두 꾸며줍니다. 그리고 완성된 파일을 저장하기 위해 [파일] 메뉴를 클릭합니다.

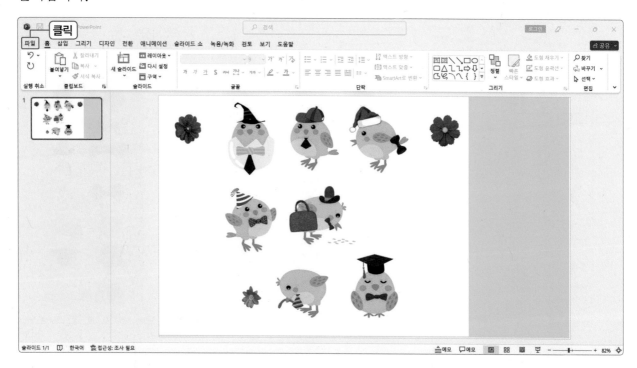

6 파일 창이 열리면 [다른 이름으로 저장]을 클릭한 다음 [기타 위치]에서 [이 PC]를 선택합니다. [다른 이름으로 저장] 창이 열리면 파일을 저장할 위치를 정하고 파일 이름을 입력한 후 [저장]을 클릭합니다.

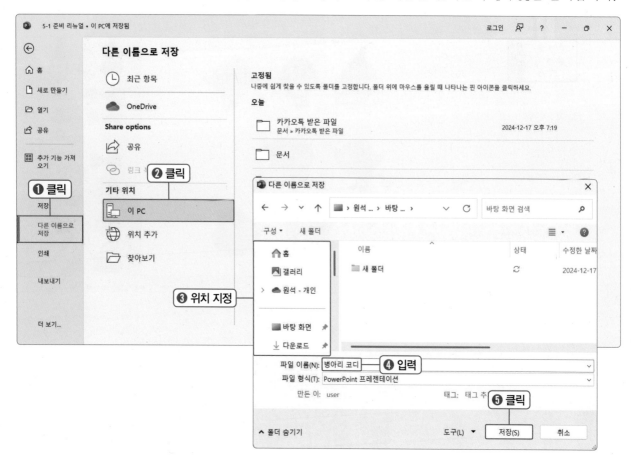

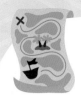

혼자해 보기

▶ 준비 파일 : 5_혼자해보기(준비).pptx   ▶ 완성 파일 : 5_혼자해보기(완성).pptx

❶ [온라인 그림]에서 좋아하는 동물을 찾아서 삽입하고 코디해 보세요.

6 키보드 자리 완성하기

01 키보드 익히기

1 아래의 낱말을 적어보고 컴퓨터로 타자 연습을 해보세요.

> 바람　구름　별　꽃잎
> 소풍　놀이터　공원　나무

2 ☐ 칸에 알맞은 왼손 윗줄과 오른손 윗줄의 글쇠를 적고 칸을 채워보세요.

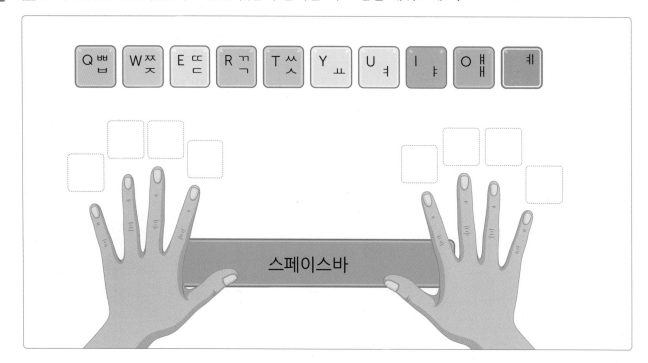

3 아래의 표에 빈칸을 채우고 타자 연습을 해보세요.

모음키 자음키	ㅕ	ㅑ	ㅐ	ㅔ
ㅂ	벼		배	
ㅈ		쟈		
ㄷ	뎌			
ㄱ			개	

4 아래의 낱말을 바르게 풀어서 자음과 모음으로 적어보세요.

바	다	➡				

쟁	반	➡					

벽	돌	➡					

뱃	고	동	➡						

장	난	감	➡						

다	람	쥐	➡						

빗	자	루	➡						

5 그림과 낱말을 보고 소리 내어 읽은 후 빈칸에 옮겨 적어보세요.

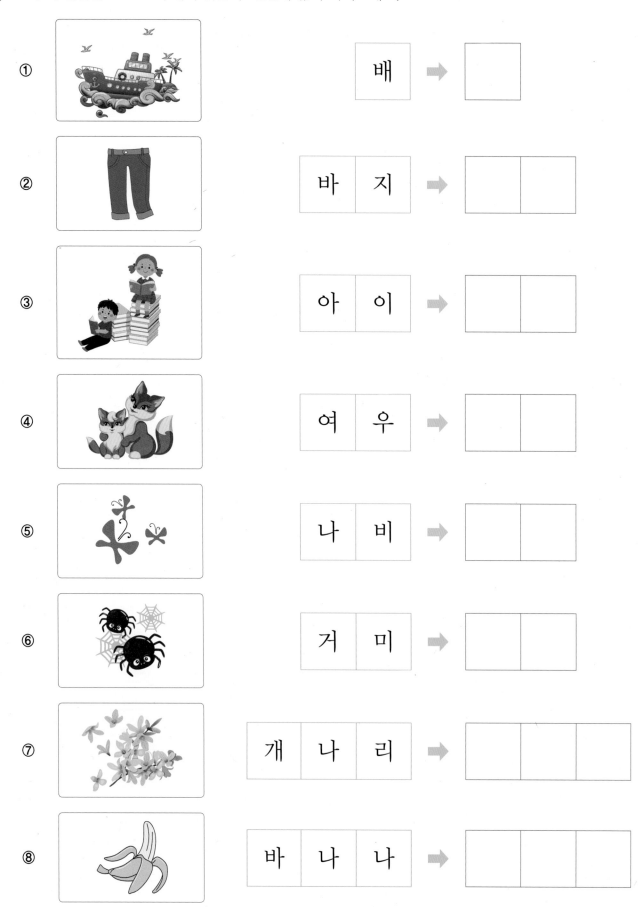

① 배 ➡

② 바 지 ➡

③ 아 이 ➡

④ 여 우 ➡

⑤ 나 비 ➡

⑥ 거 미 ➡

⑦ 개 나 리 ➡

⑧ 바 나 나 ➡

▶ 준비 파일 : 6_혼자해보기(준비).pptx ▶ 완성 파일 : 6_혼자해보기(완성).pptx

❶ 마우스를 드래그하여 키보드 조각을 이동해 키보드를 완성해 보세요.

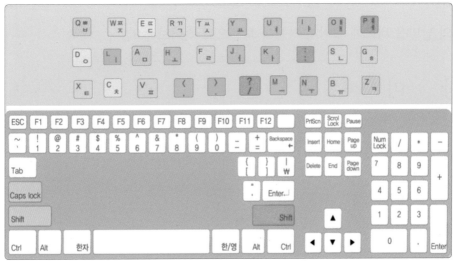

7 꽃바구니 만들기

1 아래의 낱말을 바르게 풀어서 자음과 모음으로 적어보세요.

장	미

→

백	합

→

해	바	라	기

→

2 내가 아는 꽃 이름을 적은 후 바르게 풀어서 자음과 모음으로 적어보세요. (빈칸을 다 채우지 않아도 좋아요)

3 그림과 낱말을 보고 소리 내어 읽은 후 빈칸에 옮겨 적어보세요.

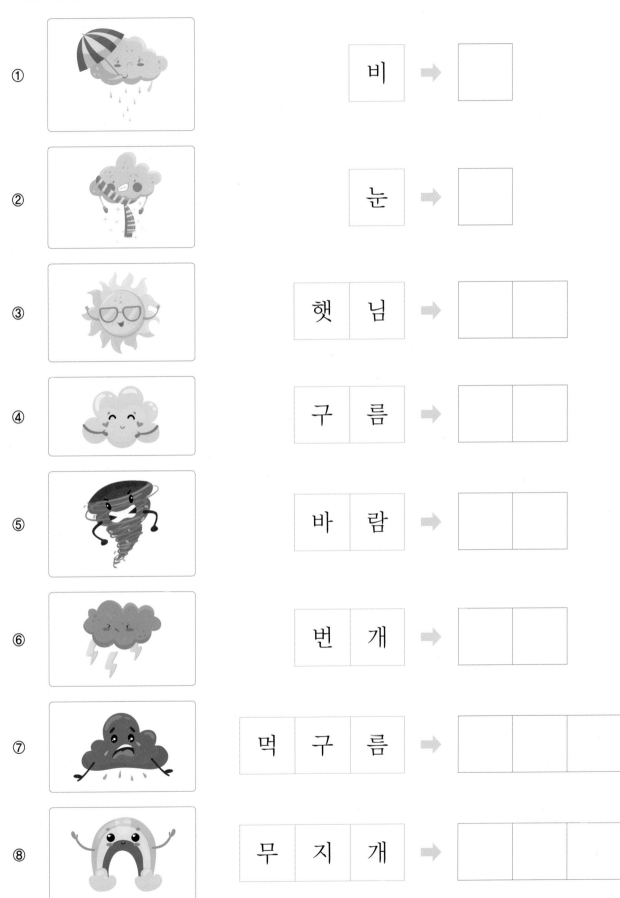

① 비 ➡

② 눈 ➡

③ 햇 님 ➡

④ 구 름 ➡

⑤ 바 람 ➡

⑥ 번 개 ➡

⑦ 먹 구 름 ➡

⑧ 무 지 개 ➡

4 아래의 낱말을 적어보고 컴퓨터로 타자 연습을 해보세요.

개나리　　백일홍　　금잔화

나팔꽃　　수선화　　무궁화

민들레　　목련　　데이지

튤립　　아카시아　　팬지

카네이션　　코스모스　　국화

구절초　　동백나무　　진달래

개발선인장　　군자란

동백　　복숭아　　매화

수국　　강아지풀　　봉선화

아네모네　　백일홍　　목련

02 온라인 그림 삽입하기

▶ 준비 파일 : 7_준비.pptx ▶ 완성 파일 : 7_완성.pptx

1 파워포인트를 실행한 후 [불러오기]를 클릭해 '7_준비.pptx' 파일을 불러옵니다.

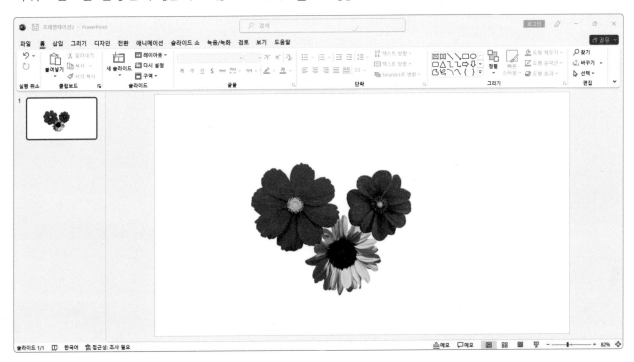

2 맨 아래 있는 노랑꽃을 맨 앞으로 가져오기 위해 노랑꽃을 마우스 왼쪽 버튼을 클릭하여 선택합니다.

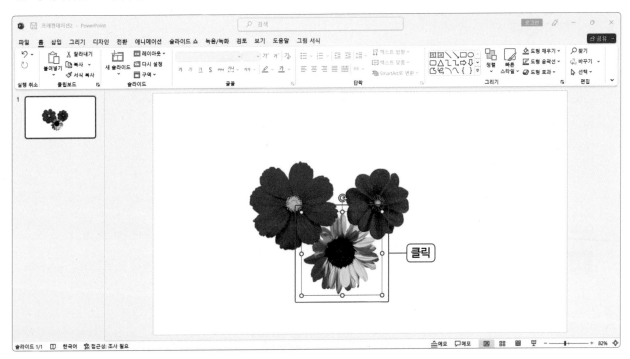

클릭

3 마우스 오른쪽 버튼을 클릭하여 [바로가기] 메뉴에서 '맨 앞으로 가져오기'를 클릭합니다.

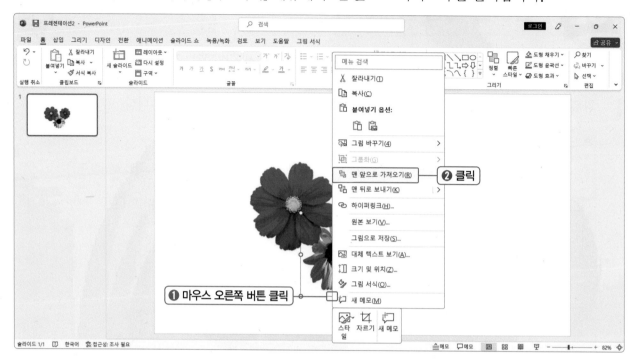

4 맨 뒤에 있던 노랑꽃이 맨 앞으로 올라옵니다.

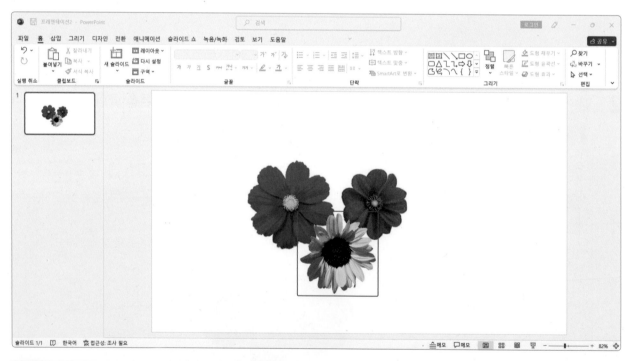

TIP 마우스 오른쪽 버튼을 클릭하여 [바로가기] 메뉴에서 '맨 뒤로 보내기'를 선택하면 선택한 꽃을 맨 뒤로 보낼 수 있어요.

❶ 꽃을 드래그해서 이동하여 꽃바구니를 만들어 보세요.

▶ 준비 파일 : 7_혼자해보기1(준비).pptx   ▶ 완성 파일 : 7_혼자해보기1(완성).pptx

사랑의 꽃바구니 만들기

사랑하는 엄마, 아빠께 꽃바구니를 만들어 선물해요

리본에 쓰고 싶은 말을
넣어보세요

엄마 아빠
사랑해요♥

❷ [온라인 그림]에서 과일바구니를 찾아 넣고 바구니에 맛있는 과일을 담아보세요.

▶ 준비 파일 : 7_혼자해보기2(준비).pptx 파일   ▶ 완성 파일 : 7_혼자해보기2(완성).pptx

과일 바구니 만들기

8 퍼즐 맞추기

01 키보드 익히기

1 아래의 낱말을 적어보고 컴퓨터로 타자 연습을 해보세요.

> 물고기 친구 집 산 강
> 학교 의자 책상 연필 지우개

2 키보드에서 쌍자음을 입력할 때에는 Shift 키를 먼저 누른 상태에서 [자음] 키를 눌러야 쌍자음('ㅃ', 'ㅉ', 'ㄸ', 'ㄲ', 'ㅆ')이 입력됩니다.

☐ 칸에 알맞은 쌍자음의 글쇠를 적어 칸을 채워보세요.

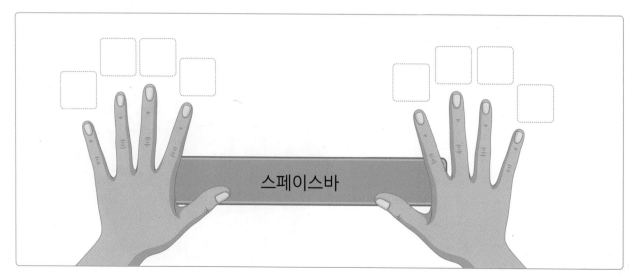

3 아래의 표에 빈칸을 채우고 타자 연습을 해보세요.

모음키 / 자음키	ㅂ	ㅈ	ㄷ	ㄱ	ㅅ
Shift		쯔		ㄲ	

4 아래의 낱말을 바르게 풀어서 자음과 모음으로 적어보세요.

| 까 | 치 | ➡ | Shift | | | | |

| 딸 | 기 | ➡ | Shift | | | | |

| 호 | 빵 | ➡ | | | Shift | | |

| 씨 | 앗 | ➡ | Shift | | | | |

| 땅 | 거 | 미 | ➡ | Shift | | | | | | |

| 깡 | 통 | ➡ | Shift | | | | |

| 한 | 쌍 | ➡ | | | | Shift | | |

| 아 | 빠 | ➡ | | | Shift | | |

5 그림과 낱말을 보고 소리 내어 읽은 후 빈칸에 옮겨 적어보세요.

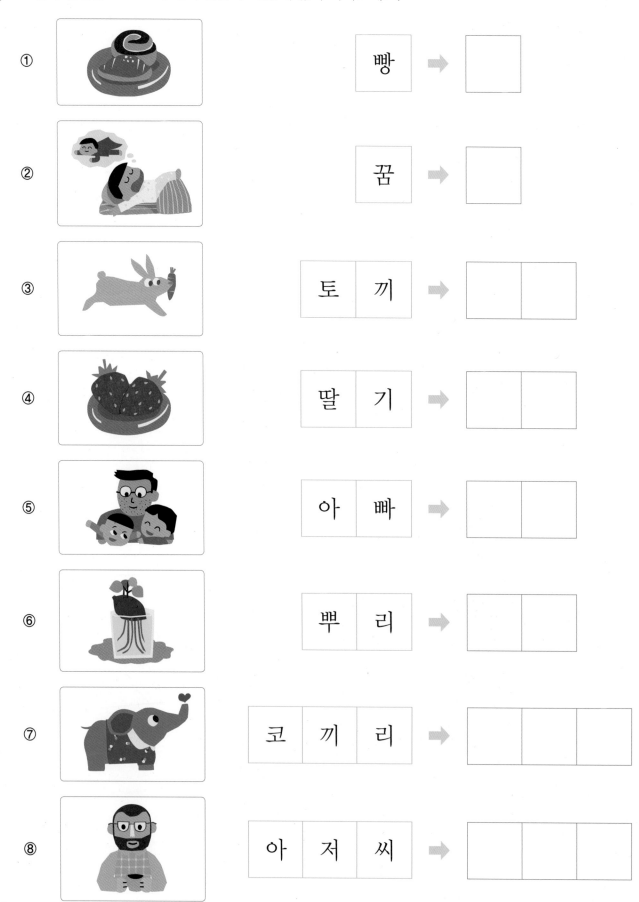

① 빵 ➡

② 꿈 ➡

③ 토 끼 ➡

④ 딸 기 ➡

⑤ 아 빠 ➡

⑥ 뿌 리 ➡

⑦ 코 끼 리 ➡

⑧ 아 저 씨 ➡

02 퍼즐 맞추기

▶ 준비 파일 : 8_준비.pptx ▶ 완성 파일 : 8_완성.pptx

1 [시작(⬛)]을 클릭해 [모든 앱]의 [PowerPoint]를 클릭하여 파워포인트를 실행한 후 '8_준비.pptx' 파일을 불러옵니다. 파일이 열리면 오른쪽의 퍼즐 조각을 알맞은 위치로 드래그합니다.

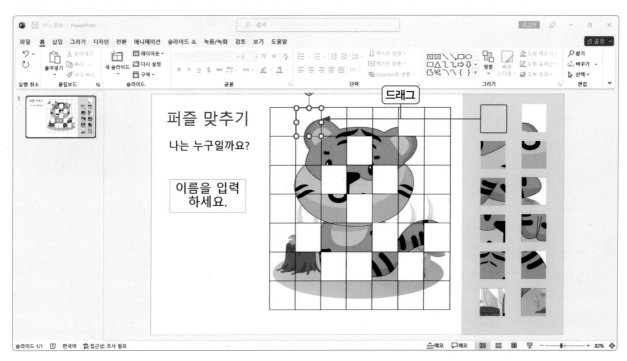

2 같은 방법으로 다른 조각을 알맞은 위치로 드래그합니다.

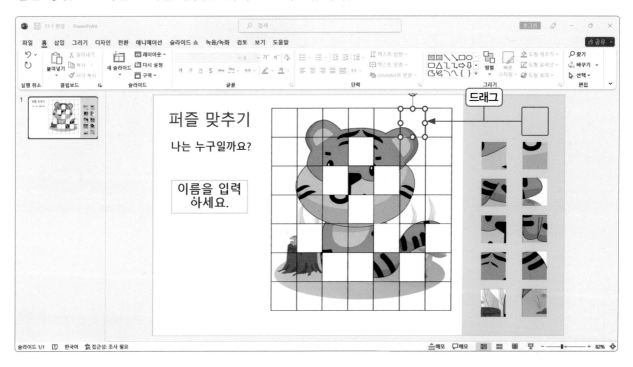

3 조각이 잘 맞지 않으면 키보드에서 방향키(←, →, ↑, ↓)를 눌러 위치를 바꿉니다.

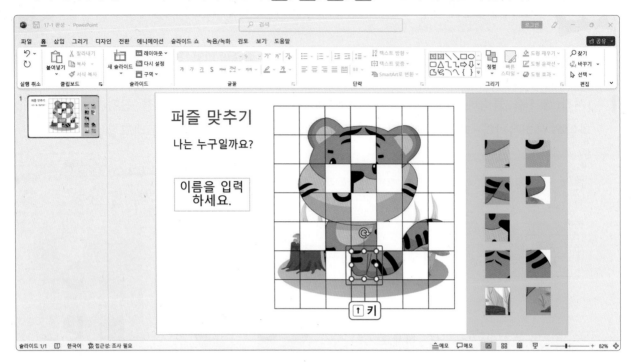

4 다른 조각을 모두 드래그해 퍼즐을 완성했으면 어떤 동물인지 이름을 적어봅니다.

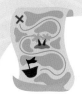

▶ 준비 파일 : 8_혼자해보기(준비).pptx ▶ 완성 파일 : 8_혼자해보기(완성).pptx

❶ 퍼즐 그림을 마우스로 드래그하여 퍼즐을 완성한 후 동물의 이름을 적어보세요.

퍼즐 맞추기

나는 누구일까요?

퍼즐 맞추기

나는 누구일까요?

9 꽃 삽입하기

01 키보드 익히기

1 아래의 낱말을 바르게 풀어서 자음과 모음으로 적어보세요.

| 꽃 | ➡ | Shift | | | |

| 새 | 싹 | ➡ | | | Shift | | |

| 도 | 깨 | 비 | ➡ | | | Shift | | | |

| 배 | 꼽 | ➡ | | | Shift | | | |

| 꼬 | 마 | ➡ | Shift | | | |

| 꽁 | 치 | ➡ | Shift | | | |

| 뺄 | 셈 | ➡ | Shift | | | | |

2 아래의 낱말을 적어보고 컴퓨터로 타자 연습을 해보세요.

내가 좋아하는 과일은
배 사과 바나나 오렌지
귤 망고 포도 복숭아 자두 살구
멜론 수박 감 키위예요.

3 그림과 낱말을 보고 소리 내어 읽은 후 빈칸에 옮겨 적어보세요.

① 

우	리	➡		

②

하	나	➡		

③

친	구	➡		

④

학	교	➡		

⑤

정	다	운	➡		

⑥

고	마	운	➡		

⑦

즐	거	운	➡		

⑧

모	두	➡		

4 동물 그림과 울음소리를 맞게 짝을 이어보세요.

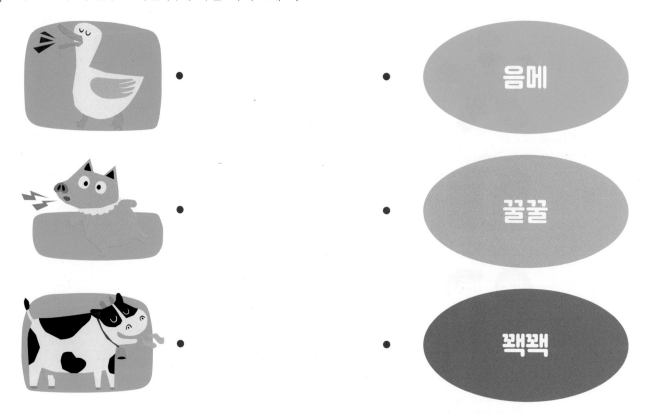

5 동물 그림을 보고 울음소리를 적어보세요.

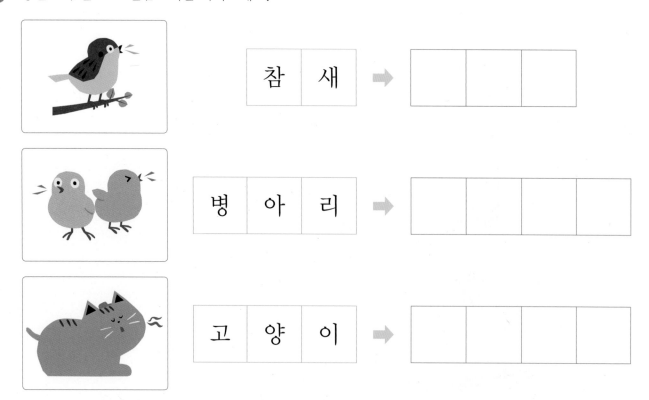

참	새	➡			

병	아	리	➡				

고	양	이	➡				

02 온라인 그림 삽입하기

▶ 준비 파일 : 없음 ▶ 완성 파일 : 9_완성.pptx

1 파워포인트를 실행한 후 [새 프리젠테이션]을 열고 [삽입] 탭의 [이미지] 그룹에서 [그림]을 클릭해 [온라인 그림]을 선택합니다.

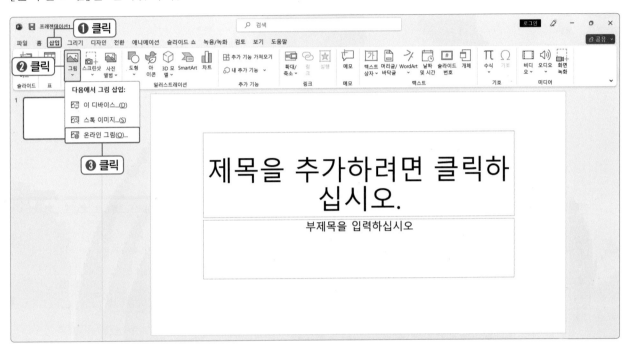

2 [온라인 그림] 검색창에 '꽃'이라고 입력하고 Enter 키를 누릅니다. 검색된 이미지 중 원하는 이미지를 클릭한 후 [삽입]을 선택합니다.

3 그림이 삽입되면 크기 조절점을 드래그해 크기를 정합니다.

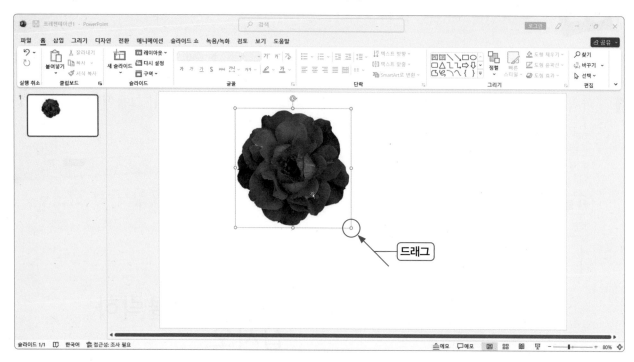

4 [온라인 그림] 검색창에 다른 꽃을 검색한 후 원하는 그림을 삽입합니다.

5 그림이 삽입되면 드래그해 위치를 정합니다.

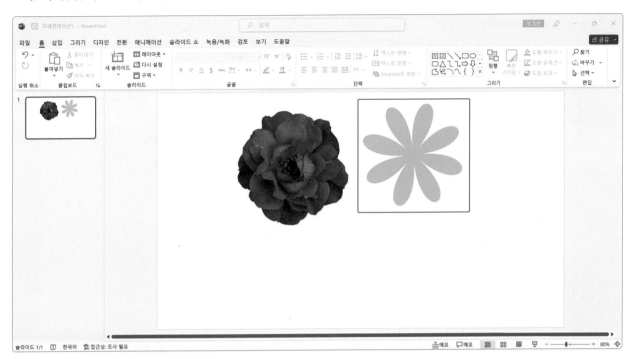

6 Ctrl 키를 누른 상태에서 그림을 드래그해 복사한 후 복사한 그림의 크기를 줄입니다.

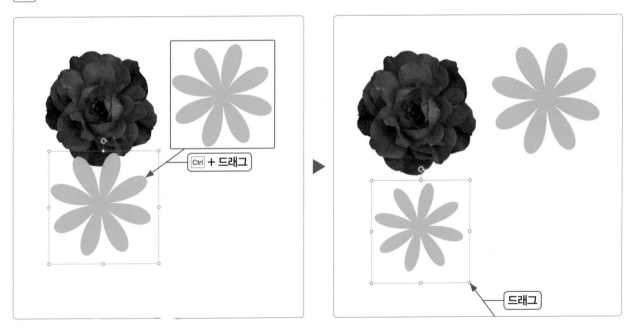

Ctrl + 드래그

드래그

🍿 **알아두기**

복사하기

파워포인트에서 도형이나 이미지를 복사하는 방법은 여러 가지가 있어요.

- [홈] 탭의 [클립보드] 그룹에서 [복사하기] 선택
- Ctrl + C 버튼 사용
- Ctrl + 드래그하기

7 [그래픽 형식] 탭의 [그래픽 스타일] 그룹에서 [그래픽 채우기]를 클릭해 원하는 색을 선택합니다.

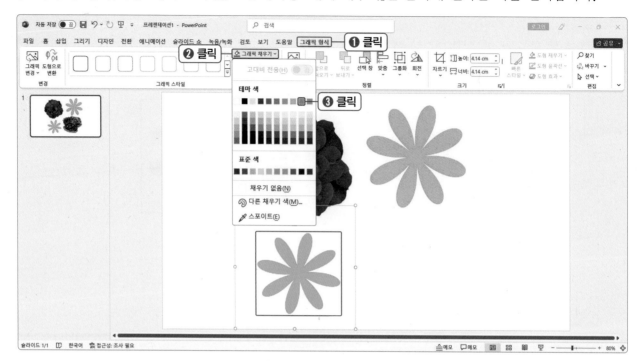

8 다른 꽃 그림을 추가해 슬라이드를 완성합니다.

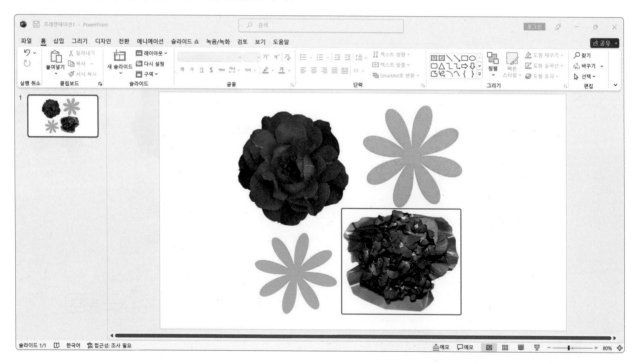

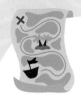

혼자해 보기

▶ 준비 파일 : 9_혼자해보기(준비).pptx   ▶ 완성 파일 : 9_혼자해보기(완성).pptx

❶ 온라인 그림을 사용해서 나만의 주사위를 만들어 보세요.

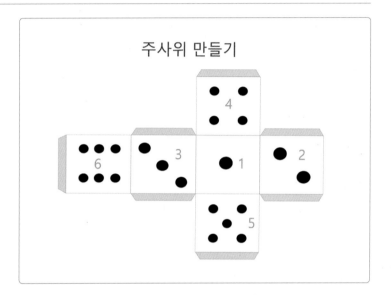

주사위 만들기

❷ 온라인 그림을 사용해서 나만의 선물 상자를 만들어 보세요.

상자 만들기

10 섬 만들기

01 키보드 익히기

1 아래의 낱말을 적어보고 컴퓨터로 타자 연습을 해보세요.

우리는 친구예요.
하늘에 별이 떠요.
토끼가 풀을 먹어요.

2 키보드에서 쌍모음을 입력하려면 Shift 키를 누른 상태에서 모음 키를 눌러야 쌍모음('ㅒ', 'ㅖ')이 입력됩니다.

☐ 칸에 알맞은 쌍모음 글쇠를 적고 칸을 채워보세요.

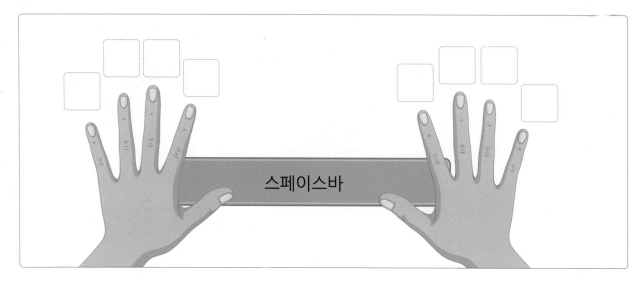

3 아래의 표에 빈칸을 채우고 타자 연습을 해보세요.

모음키 / 자음키	ㅐ	ㅔ
Shift		

4 아래의 낱말을 바르게 풀어서 자음과 모음으로 적어보세요.

옛	날	➡

	Shift				

계	절	➡

	Shift				

차	례	➡

			Shift		

애	기	➡

	Shift				

지	혜	➡

			Shift		

예	고	편	➡

	Shift				

혜	성	➡

	Shift				

5 그림과 낱말을 보고 소리 내어 읽은 후 빈칸에 옮겨 적어보세요.

① 폐 ➡

② 예 술 ➡

③ 예 약 ➡

④ 계 절 ➡

⑤ 지 혜 ➡

⑥ 차 례 ➡

⑦ 시 계 ➡

⑧ 애 들 아 ➡

02 나만의 섬 만들기

▶ 준비 파일 : 10_준비.pptx ▶ 완성 파일 : 10_완성.pptx

1 파워포인트를 실행힌 다음 '10_준비.pptx' 파일을 불러옵니다.

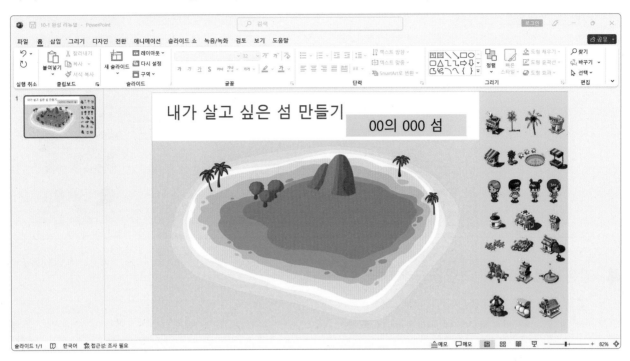

2 'OO의 OOO섬'을 클릭해 이름을 입력합니다.

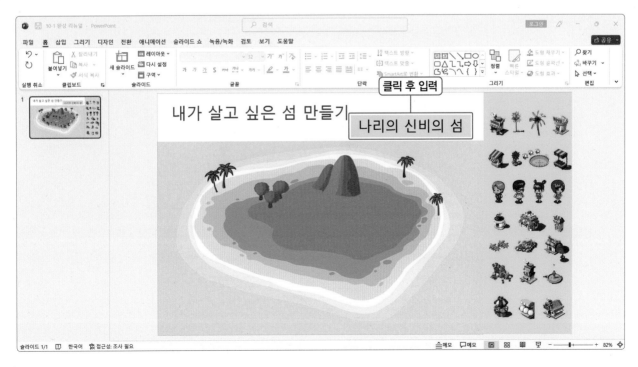

3 오른쪽에 있는 그림을 드래그해 섬을 꾸며줍니다.

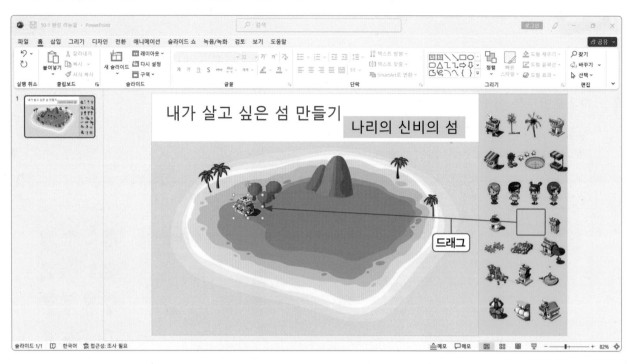

4 같은 방법으로 다른 그림을 드래그해 섬을 완성합니다.

혼자해 보기

① 바다를 꾸며서 나만의 바다 이야기를 만들어 보세요.

▶ 준비 파일 : 10_혼자해보기1(준비).pptx ▶ 완성 파일 : 10_혼자해보기1(완성).pptx

나만의 바닷속 이야기

동해의 바닷속

② 우주를 꾸며서 나만의 우주 이야기를 만들어 보세요.

▶ 준비 파일 : 10_혼자해보기2(준비).pptx ▶ 완성 파일 : 10_혼자해보기2(완성).pptx

나만의 우주 이야기

나의 우주이야기

 키보드 익히기

1 아래의 낱말을 적어보고 컴퓨터로 타자 연습을 해보세요.

> 강아지   고양이   토끼   햄스터   거북이   금붕어
>
> 소라게   돼지   고슴도치   앵무새   사슴벌레

2 그림과 낱말을 소리 내어 읽은 후 빈칸에 옮겨 적어보세요.

①

| 금 | 강 | 산 | ➡ | | | |

②

| 도 | 라 | 지 | ➡ | | | |

③

| 날 | 짜 | ➡ | | |

④

| 무 | 덤 | ➡ | | |

⑤

| 골 | 짜 | 기 | ➡ | | | |

02 인터넷 실행하고 종료하기

1 인터넷을 실행하기 위해 [작업 표시줄]에서 [엣지()] 아이콘을 클릭합니다.

클릭

알아두기

인터넷이란

인터넷은 전 세계에 있는 수많은 컴퓨터를 서로 연결하여 놓은 것으로 컴퓨터가 인터넷에 연결되어 있으면 전 세계를 여행할 수 있어요. 그러면 인터넷에서 우리가 가고 싶은 곳은 어떻게 찾을 수 있을까요? 그것은 집마다 주소가 있듯이 인터넷에도 주소가 있기 때문에 쉽게 찾을 수 있답니다.

2 엣지가 실행되면서 가장 처음에 나오는 화면을 '시작 페이지'라고 합니다. 시작 페이지에서 '쥬니어 네이버'를 입력하고 Enter 키를 눌러 검색합니다.

3 검색 결과에서 '쥬니어 네이버'를 클릭합니다.

4 검색한 쥬니어 네이버 페이지를 확인하고 둘러봅니다.

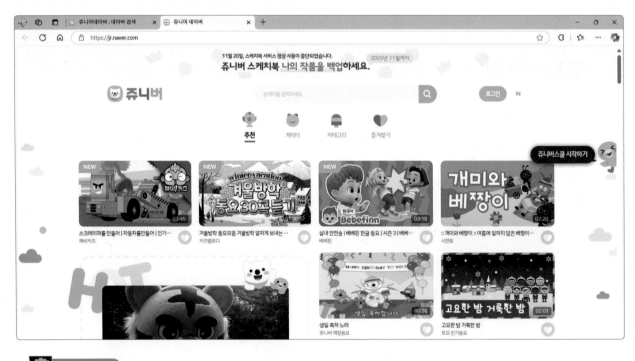

정보검색이란?

- **정보(Information)** : 문제에 도움이 될 수 있는 형태로 정리한 지식과 자료예요.
- **정보검색(Information Retrieval)** : 필요한 정보나 데이터를 더욱 신속하고 정확하게 찾아내는 거예요.
- **검색엔진** : 인터넷상에서 흩어져 있는 자료들 가운데 원하는 정보를 쉽게 찾을 수 있도록 도와주는 소프트웨어예요.

인터넷 정보 검색하기

1 인터넷을 실행하기 위해 [작업 표시줄]에서 [엣지( )] 아이콘을 클릭합니다. 시작 페이지에서 '강아지'를 입력한 다음 Enter 키를 눌러 검색합니다.

2 강아지 그림을 찾으려면 [이미지] 탭을 클릭합니다.

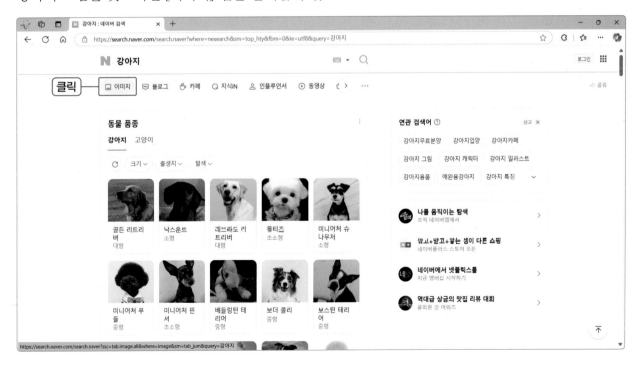

3 원하는 강아지 이미지를 클릭합니다.

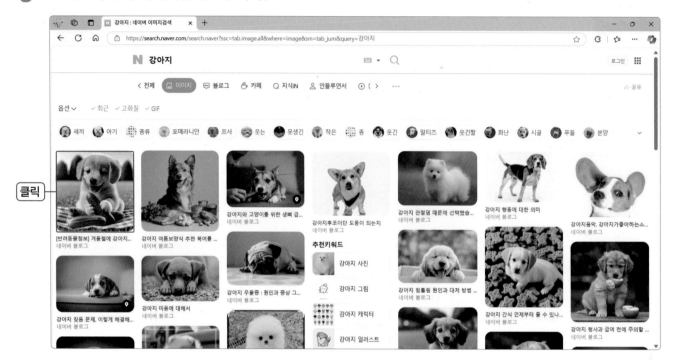

4 클릭한 강아지 이미지가 오른쪽에 크게 보입니다.

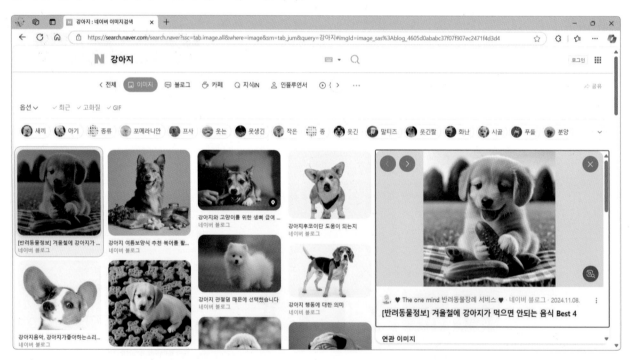

04 화면 캡처하기

1 화면을 캡처하기 위해 Shift 키와 ⊞ 키, S 키를 누릅니다.

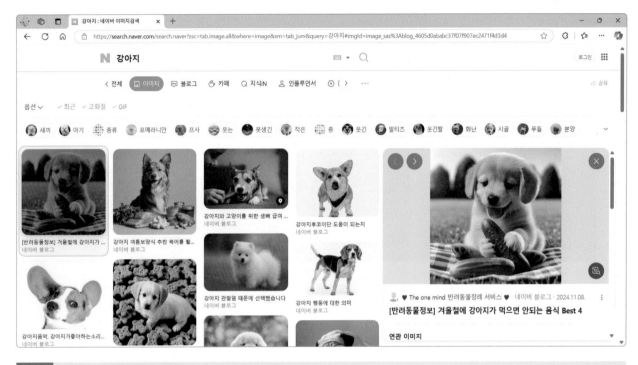

TIP ▶ 캡처란 화면을 그림 파일로 저장하는 것을 말해요.

2 캡처 도구가 나타나면 직사각형을 선택합니다.

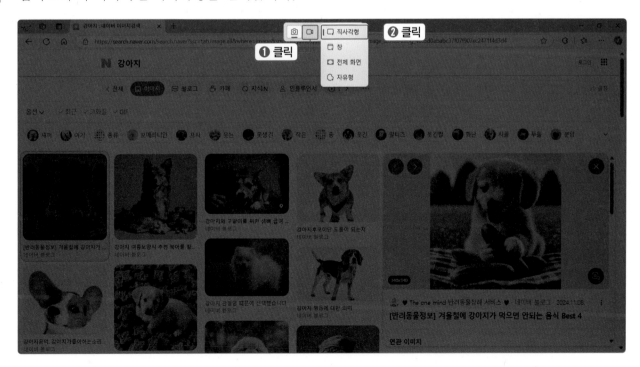

3 그림으로 저장할 부분을 드래그해 선택합니다.

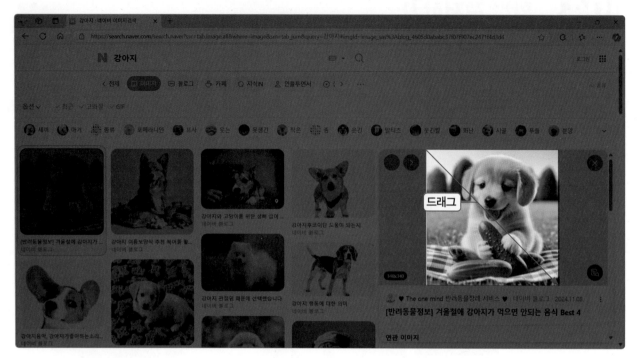

4 파워포인트와 같은 프로그램에서 [붙여넣기]를 선택하면 저장한 그림을 넣을 수 있습니다.

혼자해 보기

① 인터넷 검색을 사용하여 그림을 찾아보고 화면 캡처로 복사해 동물농장을 만들어
보세요.

▶ 준비 파일 : 11_혼자해보기1(준비).pptx   ▶ 완성 파일 : 11_혼자해보기1(완성).pptx

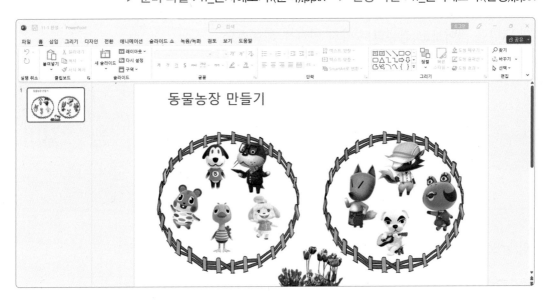

② 울타리 안에 같이 살게 하고 싶은 동물이나 식물을 넣어 꾸며보세요.

▶ 준비 파일 : 11_혼자해보기2(준비).pptx   ▶ 완성 파일 : 11_혼자해보기2(완성).pptx

12 케이크 만들기

01 키보드 익히기

1 아래의 낱말을 적어보고 컴퓨터로 타자 연습을 해보세요.

생일날에는 무엇을 먹을까?

미역국   불고기   잡채   치킨   피자   빵   갈비

호떡   김   핫도그   김밥   어묵   호두과자

2 아래의 낱말을 바르게 풀어서 자음과 모음으로 적어보세요.

미	역	국	➡								

핫	도	그	➡								

	갈	비	➡								

불	고	기	➡								

	김	밥	➡								

3 그림과 낱말을 보고 소리 내어 읽은 후 빈칸에 옮겨 적어보세요.

①  　말 ➡ ☐

②  　소 ➡ ☐

③  　염 소 ➡ ☐☐

④  　돼 지 ➡ ☐☐

⑤  　오 리 ➡ ☐☐

⑥  　고 양 이 ➡ ☐☐☐

⑦  　강 아 지 ➡ ☐☐☐

⑧  　당 나 귀 ➡ ☐☐☐

4 ☐ 안의 틀리게 쓴 낱말을 찾아 오른쪽 빈칸에 바르게 고쳐 쓰세요.

① 스 왜 터 가 예쁘네. ➡ ☐ ☐ ☐ 가 예쁘네.

② 왜 이 터 가 되다. ➡ ☐ ☐ ☐ 가 되다.

③ 기 홰 를 주세요. ➡ ☐ ☐ 를 주세요.

④ 지구의 괴 도 위로 ➡ 지구의 ☐ ☐ 위로

⑤ 좨 를 아 래 다 . ➡ ☐ 를 ☐ ☐ ☐ .

⑥ 왜 래 어 쓰지 마세요. ➡ ☐ ☐ ☐ 쓰지 마세요.

⑦ 자연을 회 손 하 다 . ➡ 자연을 ☐ ☐ ☐ ☐ .

⑧ 되 지 고기와 쇄 고기 ➡ ☐ ☐ 고기와 ☐ 고기

⑨ 훼 초 리 를 가져 오너라. ➡ ☐ ☐ ☐ 를 가져 오너라.

⑩ 화가가 돼 고 싶 다 . ➡ 화가가 ☐ ☐ ☐ ☐ .

02 미션 수행하기

▶ 준비 파일 : 12_준비.pptx ▶ 완성 파일 : 12_완성.pptx

1 파워포인트를 실행한 다음 '12_준비.pptx' 파일을 불러옵니다.

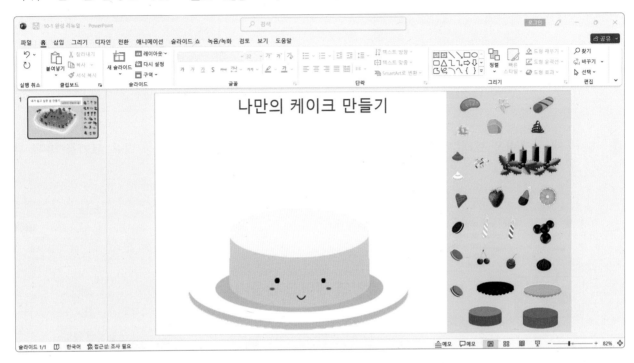

2 오른쪽에서 케이크를 만들 재료를 드래그합니다.

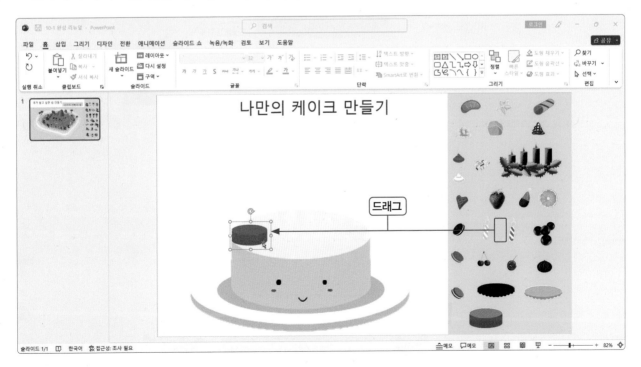

3 드래그한 재료 그림의 크기를 바꿔줍니다.

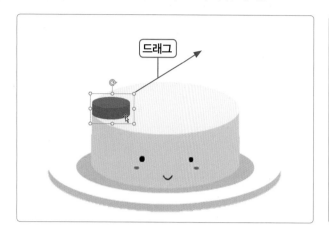 

4 다른 재료 그림을 드래그한 다음 크기를 바꿉니다. 다양한 그림을 드래그한 다음 크기를 바꿔 꾸며줍니다.

혼자해보기

❶ 그림 파일을 불러와 생일파티를 꾸며 보세요.

▶ 준비 파일 : 12_그림파일　▶ 완성 파일 : 12_혼자해보기1(완성).pptx

❷ 온라인 그림을 불러와 생일파티를 꾸며 보세요.

▶ 준비 파일 : 없음　▶ 완성 파일 : 12_혼자해보기2(완성).pptx

13 바탕 화면 꾸미기

01 키보드 익히기

1 아래의 문장을 적어보고 컴퓨터로 타자 연습을 해보세요.

> 오늘 학교에서 친구들과 재미있게 놀았어요.
> 나는 아침에 빵과 우유를 먹고 나왔어요.
> 엄마가 시장에서 과일과 채소를 사 오셨어요.

2 □ 칸에 알맞은 왼손 윗줄과 오른손 윗줄의 글쇠를 적고 칸을 채워보세요.

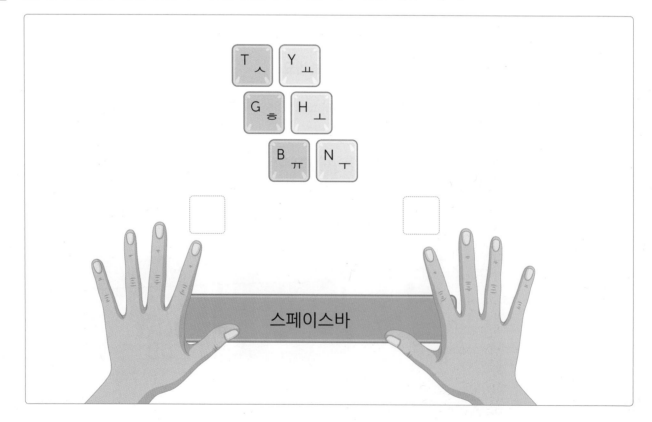

3 아래의 표에 빈칸을 채우고 타자 연습을 해보세요.

모음키 자음키	ㅠ	ㅗ	ㅛ	ㅜ
ㅅ	슈		쇼	
ㅎ		호		후

4 아래의 낱말을 바르게 풀어서 자음과 모음으로 적어보세요.

슈	크	림	➡							

호	수	➡				

오	후	➡				

숫	골	인	➡

호	랑	이	➡							

휴	지	➡				

슈	퍼	맨	➡							

5 그림과 낱말을 보고 소리 내어 읽은 후 빈칸에 옮겨 적어보세요.

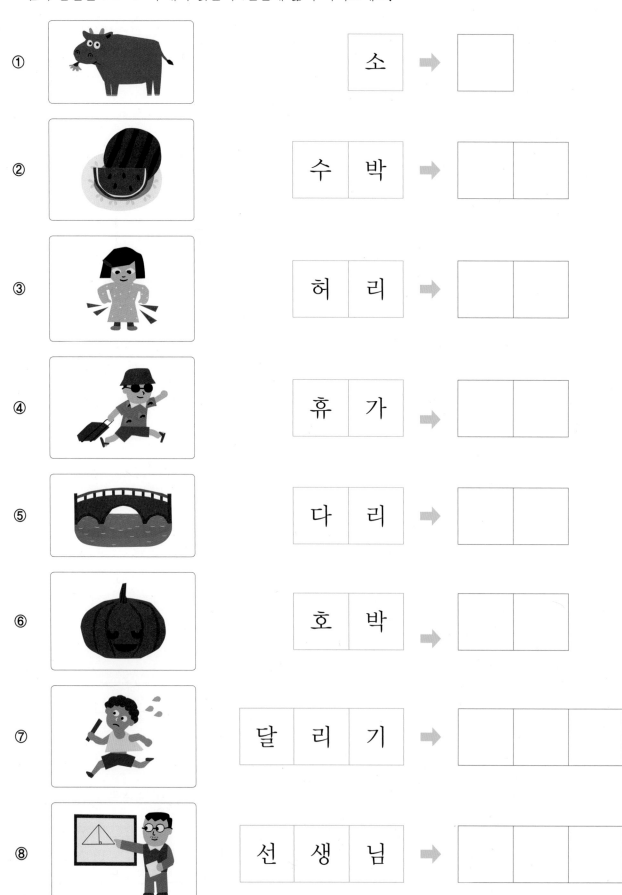

① 소 ➡

② 수 박 ➡

③ 허 리 ➡

④ 휴 가 ➡

⑤ 다 리 ➡

⑥ 호 박 ➡

⑦ 달 리 기 ➡

⑧ 선 생 님 ➡

02 바탕 화면 배경 설정하기

1 [시작(▦)]을 클릭해 [모든 앱]의 [엣지(●)]를 클릭해 실행합니다. 네이버 같은 검색 사이트에 내가 좋아하는 캐릭터 이름을 입력하고 Enter 키를 누릅니다.

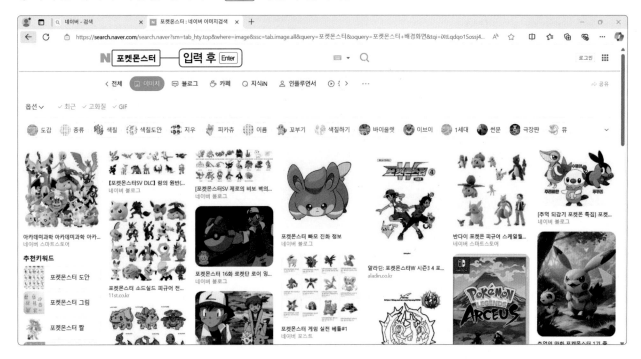

2 바탕 화면으로 지정하고 싶은 그림을 클릭하여 그림을 크게 보이게 합니다. 큰 그림에서 마우스 오른쪽 버튼을 클릭한 후 '다른 이름으로 사진 저장'을 클릭해 저장합니다.

3 저장한 파일에서 마우스 오른쪽 버튼을 클릭해 '바탕 화면 배경으로 설정'을 선택합니다.

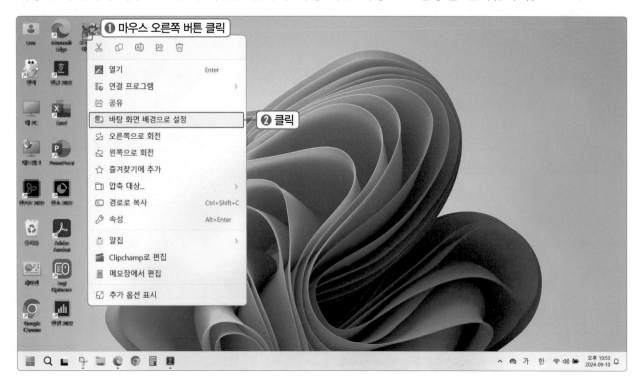

4 저장한 이미지가 바탕 화면의 배경으로 변경되었습니다.

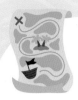 

1 필요한 그림을 인터넷 검색을 통해 찾아 저장한 후 배경 화면을 바꾸어 보세요.

〈봄〉

〈여름〉

〈가을〉

〈겨울〉

〈낮〉

〈밤〉

> 힌트
> 봄, 여름, 가을, 겨울, 오전, 오후

14 부채 만들기

01 키보드 익히기

1 아래의 문장을 적어보고 컴퓨터로 타자 연습을 해보세요.

> 하늘에 떠 있는 구름이 정말 예뻐요.
> 숲속에 토끼와 다람쥐가 함께 놀고 있어요.
> 바다에 큰 물고기와 작은 물고기가 있어요.

2 □ 칸에 알맞은 왼손 윗줄과 오른손 윗줄의 글쇠를 적고 칸을 채워보세요.

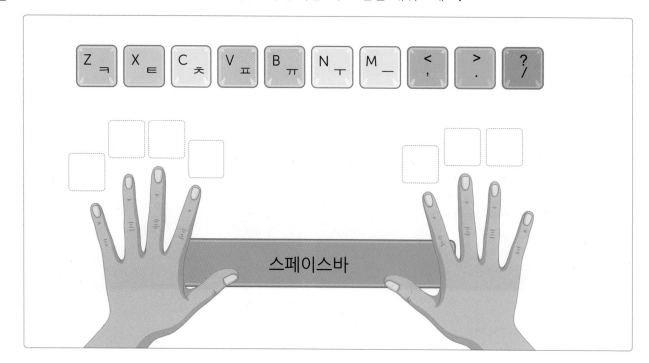

3 아래의 표에 빈칸을 채우고 타자 연습을 해보세요.

모음키 / 자음키	ㅋ	ㅌ	ㅊ	ㅍ
ㅡ		트	츠	

4 아래의 낱말을 바르게 풀어서 자음과 모음으로 적어보세요.

컴	퓨	터	➡								

치	타	➡				

팝	콘	➡						

카	드	➡				

코	알	라	➡							

카	스	테	라	➡

코	스	모	스	➡

14. 부채 만들기 **087**

5 그림과 낱말을 보고 소리 내어 읽은 후 빈칸에 옮겨 적어보세요.

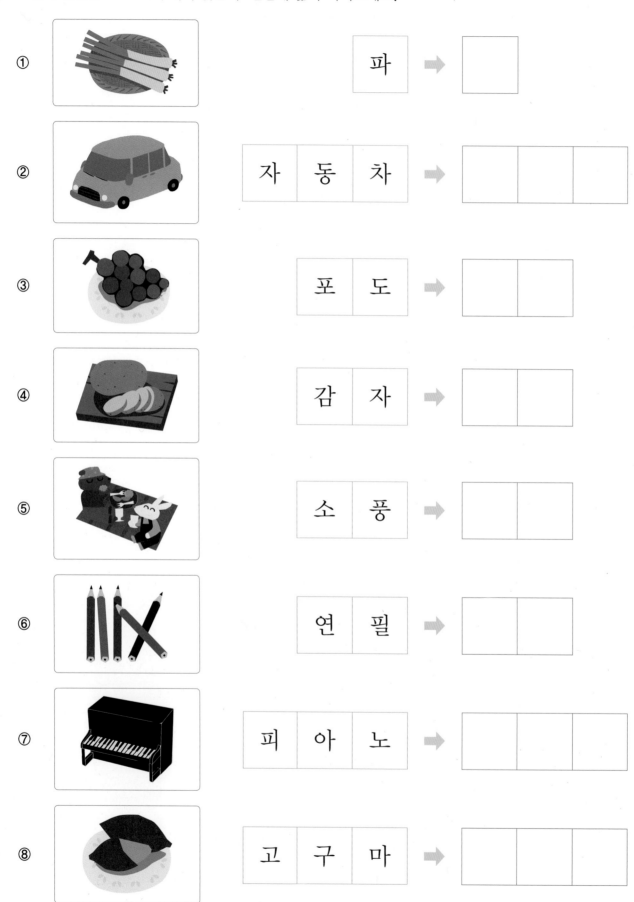

① 파 ➡ ☐

② 자 동 차 ➡ ☐ ☐ ☐

③ 포 도 ➡ ☐ ☐

④ 감 자 ➡ ☐ ☐

⑤ 소 풍 ➡ ☐ ☐

⑥ 연 필 ➡ ☐ ☐

⑦ 피 아 노 ➡ ☐ ☐ ☐

⑧ 고 구 마 ➡ ☐ ☐ ☐

부채 만들기

▶ 준비 파일 : 14_준비.pptx ▶ 완성 파일 : 14_완성.pptx

1 파워포인트를 실행한 후 '14_준비.pptx'를 불러옵니다.

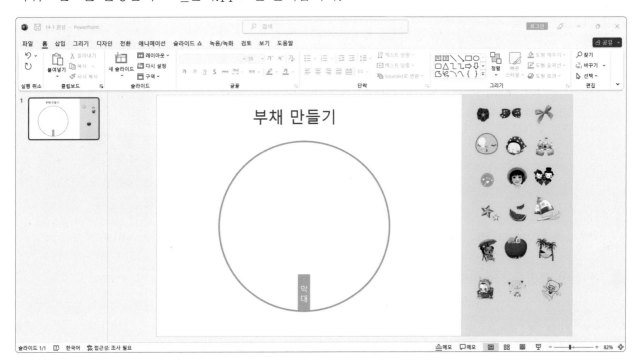

2 오른쪽에서 그림을 드래그해 이동합니다.

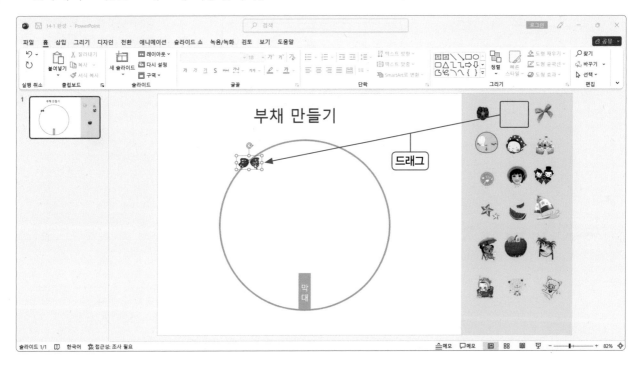

3 같은 방법으로 그림을 드래그해 이동한 다음 크기를 바꿔 부채를 꾸며줍니다.

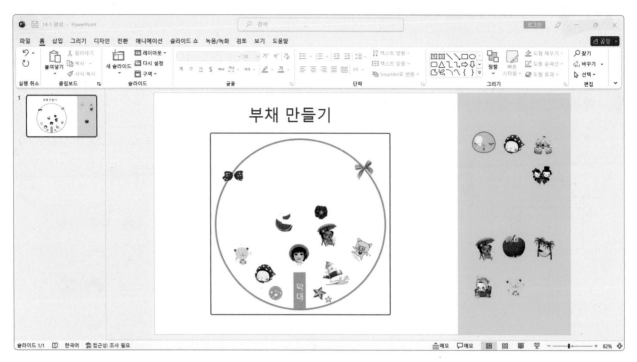

4 온라인 그림을 사용하여 부채를 더 꾸며 주고 완성합니다.

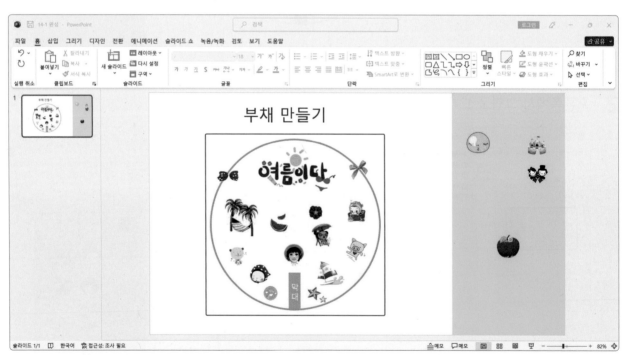

혼자해 보기

① 더운 여름날 시원하게 먹고 싶은 아이스크림을 온라인 그림을 통해 찾아 넣어보세요.

▶ 준비 파일 : 14_혼자해보기1(준비).pptx ▶ 완성 파일 : 14_혼자해보기1(완성).pptx

먹고 싶어요 아이스크림

② 내가 좋아하는 간식을 온라인 그림을 통해 찾아 넣어보세요.

▶ 준비 파일 : 14_혼자해보기2(준비).pptx ▶ 완성 파일 : 14_혼자해보기2(완성).pptx

내가 좋아하는 간식

15 마을 만들기와 지도 찾기

01 키보드 익히기

1 아래의 낱말과 문장을 적어보고 컴퓨터로 타자 연습을 해보세요.

> 우리 마을에는 이런 건물이 있어요.
>
> 소방서   경찰서   슈퍼마켓   장난감 가게
>
> 햄버거 가게   세탁소   은행   꽃집   철물점

2 문제를 읽고 알맞은 답에 ○표한 뒤 빈칸에 낱말을 적어보세요.

● 하늘을 날아다니는 빠른 이동 수단은?

① 비행기   ② 비헹기   ➡ | | | |

● 몸을 움직여서 행동하는 것을 무엇이라고 하나요?

① 생할   ② 생활   ➡ | | |

● 음식을 끓일 때 쓰는 도구는?

① 냄비   ② 넴비   ➡ | | |

● 느낌이 시원하고 산뜻한 것을 무엇이라고 하나요?

① 상쾨하다   ② 상쾌하다   ➡ | | | |

● 잘못을 깨닫고 뉘우치는 것을 뜻하는 말은?

① 후회　　② 후홰　　➡ 　　　

● 자동차를 굴러가게 하는 것은 무엇이라고 하나요?

① 바키　　② 바퀴　　➡ 　　　

● 여름과 겨울, 학교에 가지 않는 기간은?

① 방학　　② 밤학　　➡ 　　　

● 찍은 사진을 모아 두는 책을 무엇이라고 하나요?

① 사진첨　　② 사진첩　　➡ 　　　

● 사람이 만드는 것으로 우리가 사용하는 모든 물건을 무엇이라고 하나요?

① 사물　　② 시물　　➡ 　　　

● 하늘, 바람, 바다처럼 우리가 만들지 않은 것으로 산, 나무, 동물처럼 스스로 자라고 움직이는 것을 무엇이라고 하나요?

① 자연　　② 지연　　➡ 　　　

● 우리가 보는 모든 것의 모양이나 느낌을 더 특별하게 보이게 하는 빛의 모습을 무엇이라고 하나요?

① 생갈　　② 색깔　　➡ 　　　

● 뭔가를 재미있게 하거나 열씸히 움직이며 하는 것을 무엇이라고 하나요?

① 활동　　② 할송　　➡

3 ☐ 안의 틀리게 쓴 낱말을 찾아 오른쪽 빈칸에 바르게 고쳐 쓰세요.

① 학생의 [셍] [김] [새] ➡ 학생의 [ ] [ ] [ ]

② [옹] [달] [셈] 물을 마시고, ➡ [ ] [ ] [ ] 물을 마시고,

③ 요술 [림] [프] 를 활용해라. ➡ 요술 [ ] [ ] 를 활용해라.

④ [동] [하] [책] 한 권 ➡ [ ] [ ] [ ] 한 권

⑤ [헵] [쌀] 과 [맵] [쌀] ➡ [ ] [ ] 과 [ ] [ ]

⑥ [무] [니] 가 [히] [미] 하다. ➡ [ ] [ ] 가 [ ] [ ] 하다.

⑦ [에] [벌] [레] 가 꿈틀거려요. ➡ [ ] [ ] [ ] 가 꿈틀거려요.

⑧ [칭] [구] 가 깜짝 놀라서 ➡ [ ] [ ] 가 깜짝 놀라서

⑨ [콤] [나] [물] 요리를 하고서 ➡ [ ] [ ] [ ] 요리를 하고서

⑩ 단추 [아] [옵] 개 ➡ 단추 [ ] [ ] 개

02 이미지로 채우기

▶ 준비 파일 : 15_준비.pptx   ▶ 완성 파일 : 15_완성.pptx

1 파워포인트를 실행한 다음 '15_준비.pptx' 파일을 불러옵니다.

2 오른쪽에 있는 건물 그림을 드래그해 위치를 정합니다.

3 같은 방법으로 다른 건물을 드래그해 위치를 정합니다.

4 모든 건물 그림을 슬라이드로 드래그해 우리 마을을 만들어 봅니다.

▶ 준비 파일 : 15_혼자해보기(준비).pptx   ▶ 완성 파일 : 15_혼자해보기(완성).pptx

❶ 인터넷에서 우리 동네를 찾아보세요.

❷ 내가 살고 있는 우리 마을 놀이터를 꾸며 보세요.

16 편지지 만들기

01 키보드 익히기

1 아래의 문장을 적어보고 컴퓨터로 타자 연습을 해보세요.

> 우리 가족은 주말에 공원에 가서 자전거를 탔어요.
>
> 할머니와 할아버지는 항상 저를 많이 사랑해 주세요.
>
> 동생은 장난감 자동차를 가지고 놀다가 잠이 들었어요.

2 낱말을 소리 내어 읽은 후 빈칸에 옮겨 적으세요.

| 무 | 지 | 개 | ➡ | | | |

| 반 | 짝 | 반 | 짝 | ➡ | | | | |

| 소 | 원 | ➡ | | |

| 하 | 늘 | ➡ | | |

| 사 | 랑 | 해 | ➡ | | | |

3 그림과 낱말을 보고 소리 내어 읽은 후 빈칸에 옮겨 적어보세요.

① 악 어 ➡

② 코 끼 리 ➡

③ 얼 룩 말 ➡

④ 부 엉 이 ➡

⑤ 원 숭 이 ➡

⑥ 코 알 라 ➡

⑦ 고 슴 도 치 ➡

⑧ 나 무 늘 보 ➡

4 ☐ 안의 틀리게 쓴 낱말을 찾아 오른쪽 빈칸에 바르게 고쳐 쓰세요.

① 흥부와 재 비 다리 ➡ 흥부와 ☐ ☐ 다리

② 어머니와 해 어 지 고 ➡ 어머니와 ☐ ☐ ☐ ☐

③ 참새가 노 래 하 내 ➡ 참새가 ☐ ☐ ☐ ☐

④ 새 내 내 모 동그라미 ➡ ☐ ☐ ☐ ☐ 동그라미

⑤ 비 뉴 로 새 수 하고 ➡ ☐ ☐ 로 ☐ ☐ 하고

⑥ 꿈에 나 따 나 요 ➡ 꿈에 ☐ ☐ ☐ ☐

⑦ 힘 을 합칠까 ! ➡ ☐ 을 합칠까 ☐

⑧ 참 애 쁘 다 ? ➡ 참 ☐ ☐ ☐

⑨ 얼 굴 을 보고 말해요 , ➡ ☐ ☐ 을 보고 말해요 ☐

⑩ 그 레 , 좋은 생각이야. ➡ ☐ ☐ , 좋은 생각이야.

02 편지지 만들기

▶ 준비 파일 : 16_준비.pptx ▶ 완성 파일 : 16_완성.pptx

1 파워포인트를 실행한 다음 '16_준비.pptx' 파일을 불러옵니다.

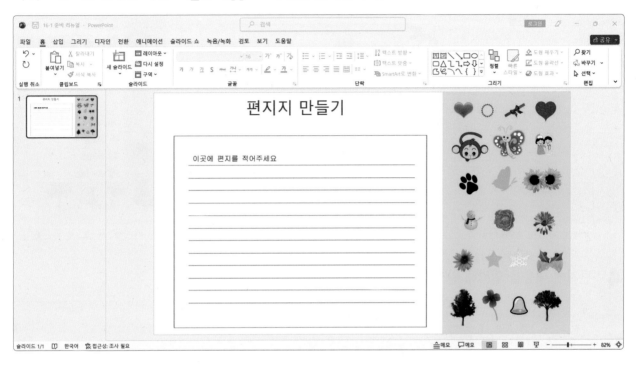

2 오른쪽 그림을 드래그해 편지지를 꾸며줍니다.

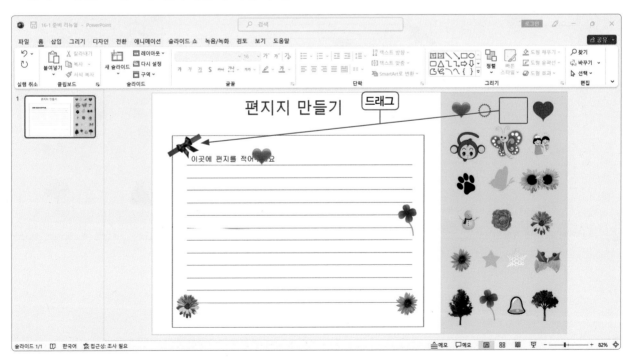

3 그림을 모두 선택한 다음 [홈] 탭의 [그리기] 그룹에서 [정렬]-[맨 뒤로 보내기]를 클릭합니다.

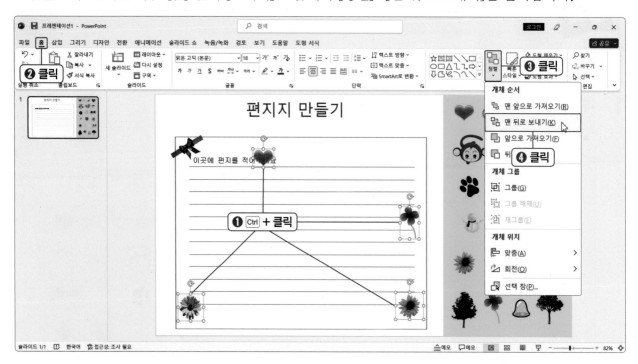

4 편지에 내용을 입력해 완성합니다.

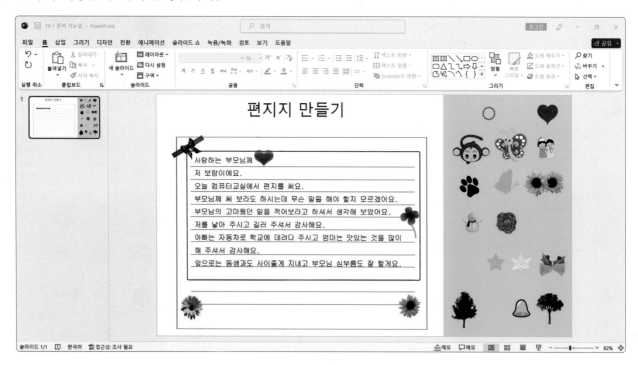

▶ 준비 파일 : 16_혼자해보기(준비).pptx   ▶ 완성 파일 : 16_혼자해보기(완성).pptx

❶ 내 생일파티에 친구들을 초대하기 위한 생일 초대장을 만들어 보세요.

17 캐릭터 나무

01 키보드 익히기

1 아래의 문장을 적어보고 컴퓨터로 타자 연습을 해보세요.

> 나는 친구들과 함께 놀이공원에 가고 싶어요.
> 봄에는 꽃이 피고 새들이 노래를 불러요.
> 하늘에 반짝이는 별이 너무 아름다웠어요.

2 낱말을 소리 내어 읽은 후 빈칸에 옮겨 적어보세요.

놀	이	공	원	➡				

노	래	➡		

하	늘	➡		

텔	레	비	전	➡				

고	양	이	➡			

● 점을 이어 그림을 그려 보세요.

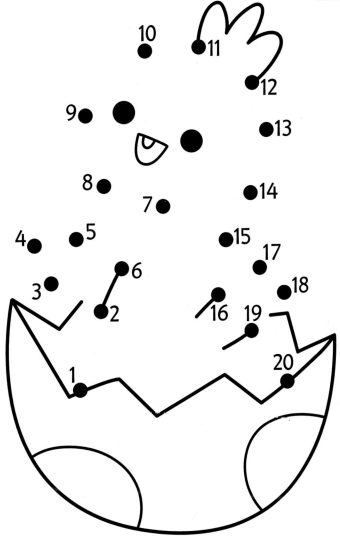

나무 만들기

▶ 준비 파일 : 17_준비.pptx ▶ 완성 파일 : 17_완성.pptx

1 파워포인트를 실행한 후 '17_준비.pptx' 파일을 불러옵니다.

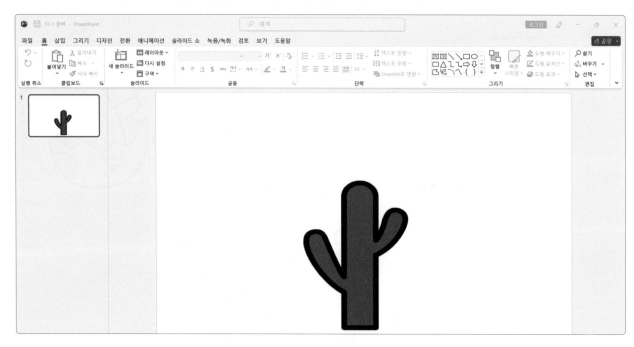

2 [삽입] 탭의 [일러스트레이션] 그룹에서 [도형]을 클릭한 후 [기본 도형]-[타원(○)]을 선택합니다.

3 슬라이드에 드래그해 타원을 그립니다.

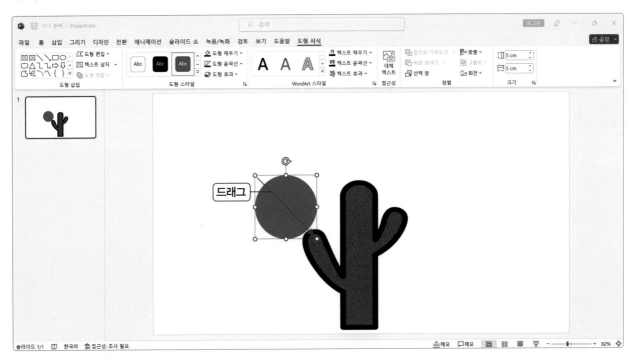

4 [도형 서식] 탭의 [도형 스타일] 그룹에서 [도형 채우기]를 클릭해 원하는 색으로 변경합니다.

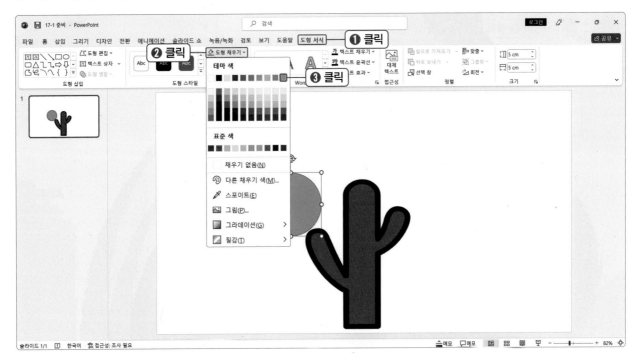

5 [도형 서식] 탭의 [도형 스타일] 그룹에서 [도형 윤곽선]을 클릭해 원하는 색으로 변경합니다.

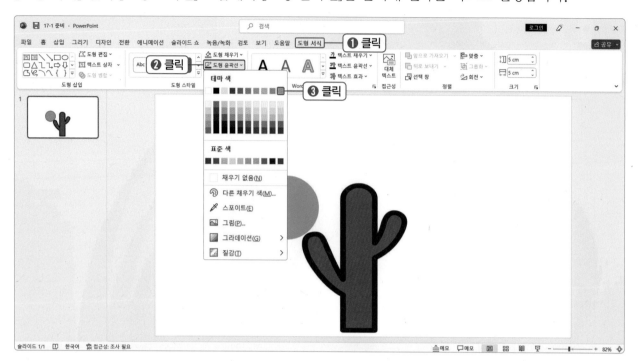

6 [삽입] 탭의 [이미지] 그룹에서 [그림]-[온라인 그림]을 선택합니다.

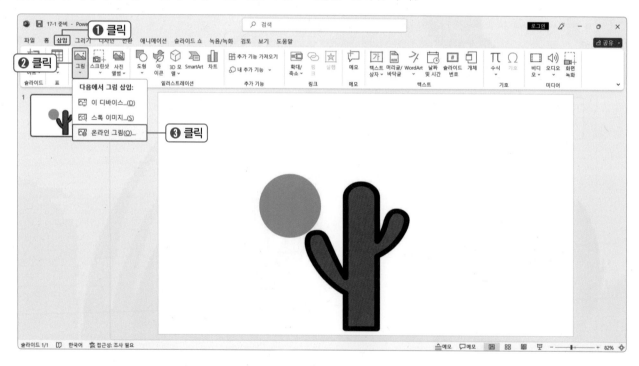

7 [온라인 그림] 검색창에 '귀여운 캐릭터'라고 입력한 다음 Enter 키를 누릅니다.

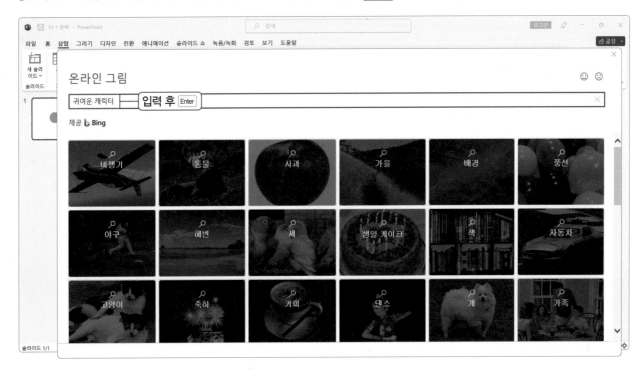

8 검색된 이미지 중 원하는 캐릭터를 선택하고 삽입합니다.

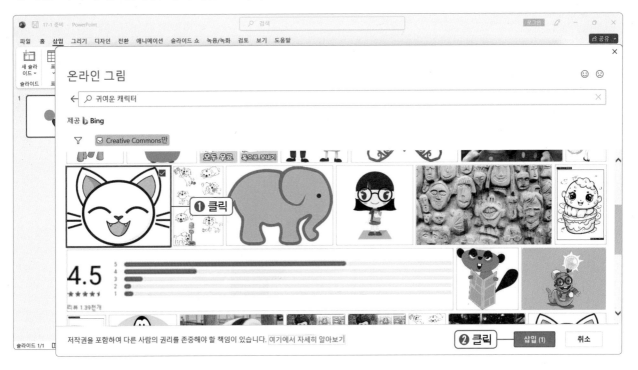

9 크기를 조절하여 동그라미 안에 캐릭터를 넣습니다.

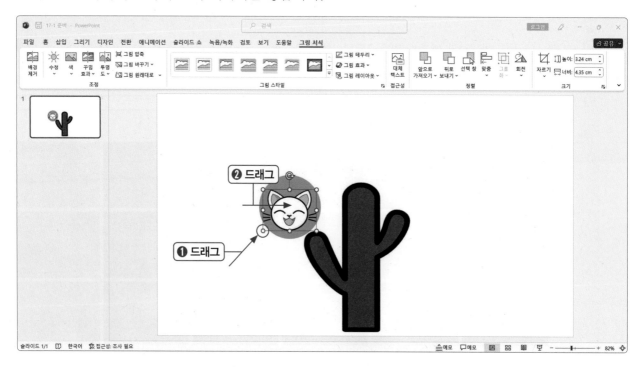

10 같은 방법으로 캐릭터를 넣은 후 나무를 완성합니다.

혼자해 보기

▶ 준비 파일 : 17_혼자해보기(준비).pptx　　▶ 완성 파일 : 17_혼자해보기(완성).pptx

❶ 캐릭터들로 TV를 꾸며 보세요.

텔레비전에 내가 나왔으면!!

텔레비전에 내가 나왔으면!!

18 동물 액자

01 키보드 익히기

1 아래의 문장을 적어보고 컴퓨터로 타자 연습을 해보세요.

> 강아지가 마당에서 신나게 뛰어놀고 있어요.
> 바람이 불어서 나뭇잎이 흔들리고 있어요.
> 비가 오면 나무와 꽃들이 물을 마셔요.

2 아래의 낱말을 바르게 풀어서 자음과 모음으로 적어보세요.

곰	돌	이	➡

의	자	➡

구	슬	➡

사	과	➡

별	빛	➡

● 점을 이어 그림을 그려 보세요.

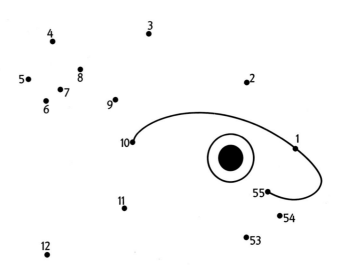

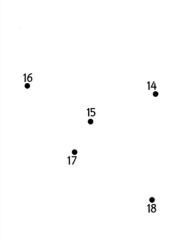

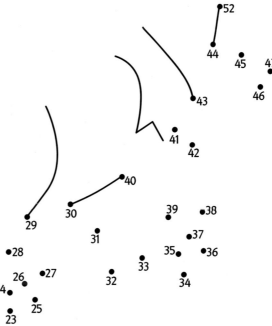

03 SmartArt 삽입하기

▶ 준비 파일 : 없음　　▶ 완성 파일 : 18_완성.pptx

1 파워포인트를 실행한 후 [새로 만들기]-[새 프레젠테이션]을 선택합니다. [홈] 탭의 [슬라이드] 그룹에서 [레이아웃]의 [제목 및 내용]을 선택합니다.

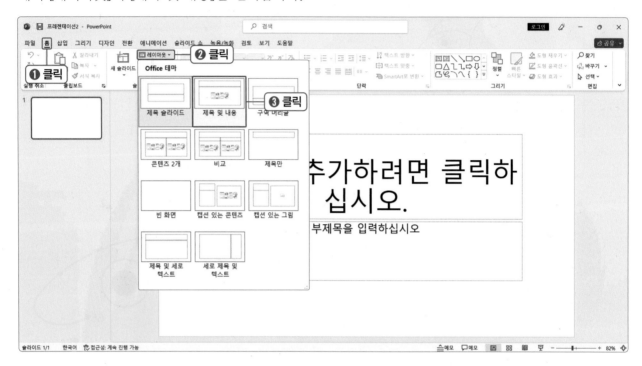

2 변경된 레이아웃에서 '제목을 추가하려면 클릭하십시오'를 선택하고 '동물 액자'라고 입력합니다.

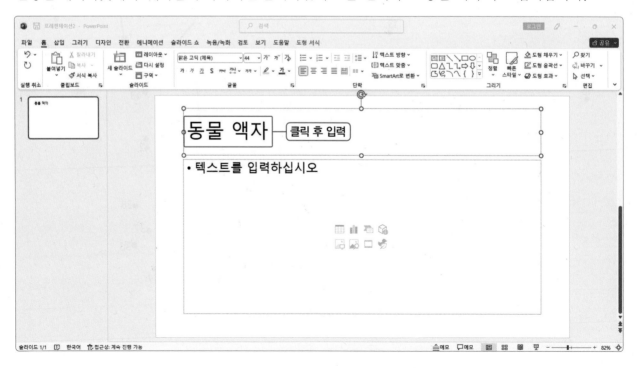

3 [삽입] 탭의 [일러스트레이션] 그룹에서 [SmartArt]을 클릭한 후 [SmartArt 그래픽 선택] 창이 열리면 [그림]–[그림 설명 밴딩 목록형]을 선택하고 [확인]을 클릭합니다.

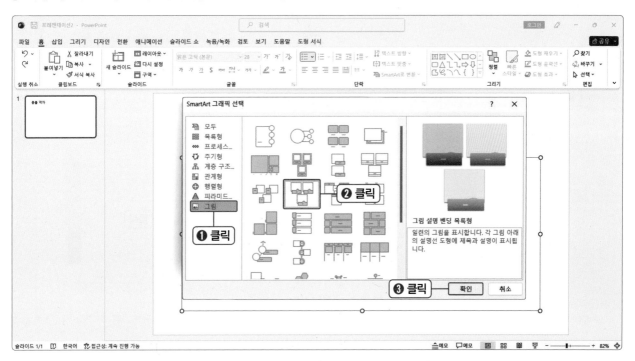

4 만들어진 SmartArt에 그림을 삽입하기 위해 박스 중간에 있는 [그림 삽입(🖼)]을 클릭합니다.

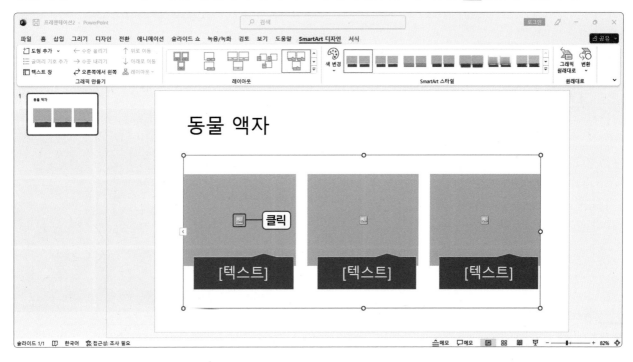

5 [그림 삽입] 창이 열리면 [온라인 그림]을 클릭합니다.

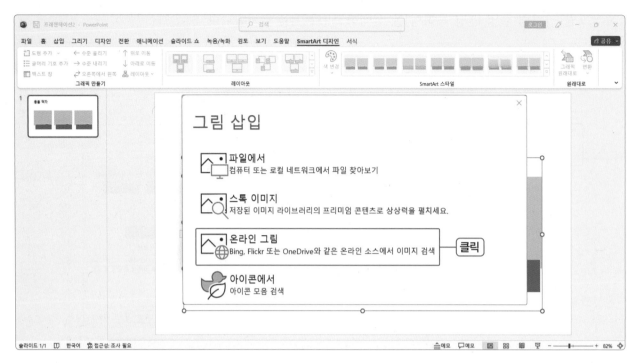

6 여러 가지 목록 중 '동물'을 클릭합니다.

7 동물 이미지가 열리면 원하는 동물 그림을 선택한 후 [삽입]을 클릭합니다.

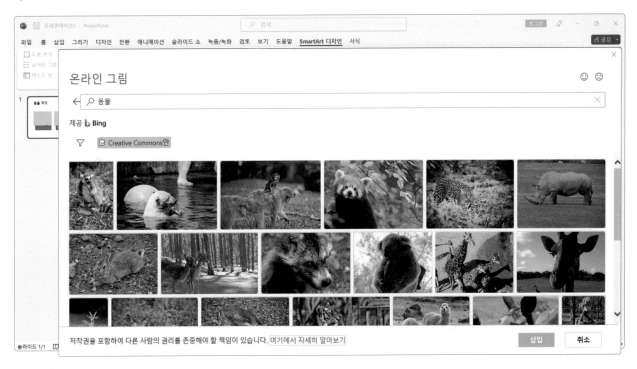

8 같은 방법으로 박스에 다른 동물 그림을 삽입한 후 동물의 이름을 적습니다.

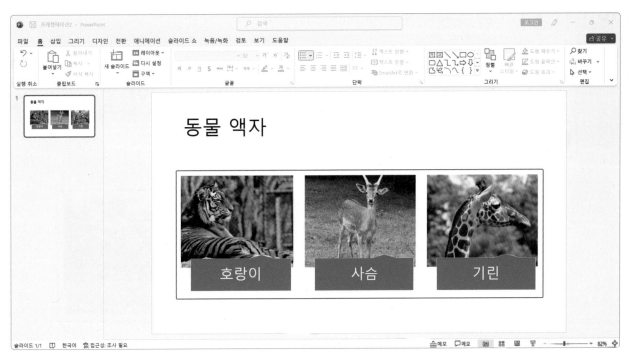

9 [SmartArt 디자인] 탭의 [SmartArt 스타일] 그룹에서 [색 변경]의 [색상형]에서 '색상형–강조색'을 선택합니다.

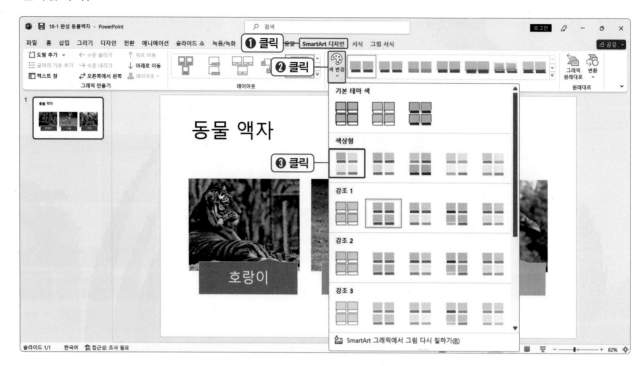

10 완성된 동물 액자를 확인합니다.

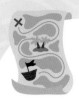

❶ SmartArt를 활용하여 영화 액자를 꾸며 보세요.

▶ 준비 파일 : 없음   ▶ 완성 파일 : 18_혼자해보기1(완성).pptx

영화 액자

인 사이드 아웃

쿵푸팬더

미니언즈

❷ SmartArt를 활용하여 스포츠 이름을 꾸며 보세요.

▶ 준비 파일 : 없음   ▶ 완성 파일 : 18_혼자해보기2(완성).pptx

펜싱   야구   축구

19 자전거 탄 풍경

1 아래의 문장을 적어보고 컴퓨터로 타자 연습을 해보세요.

> 푸른 하늘 아래 자전거를 타고 달려요.
> 자전거 바퀴는 빙글빙글 돌아가요.
> 힘차게 페달을 밟으며 앞으로 나아가요.
> 우린 신나는 모험을 떠나는 중이에요!

2 아래의 낱말을 바르게 풀어서 자음과 모음으로 적어보세요.

| 자 | 전 | 거 | ➡ | | | | | | | | |

| | 스 | 키 | ➡ | | | | |

| 스 | 케 | 이 | 트 | ➡ |

| | | | | | | |

| | 보 | 드 | ➡ | | | | |

| | 썰 | 매 | ➡ | Shift | | | | | |

● 점을 이어 그림을 그려 보세요.

03 만화 캐릭터 만들기

▶ 준비 파일 : 19_준비.pptx   ▶ 완성 파일 : 19_완성.pptx

1 파워포인트를 실행한 후 '19_준비.pptx' 파일을 불러옵니다. [삽입] 탭의 [이미지] 그룹에서 [그림]-[스톡 이미지]를 클릭합니다.

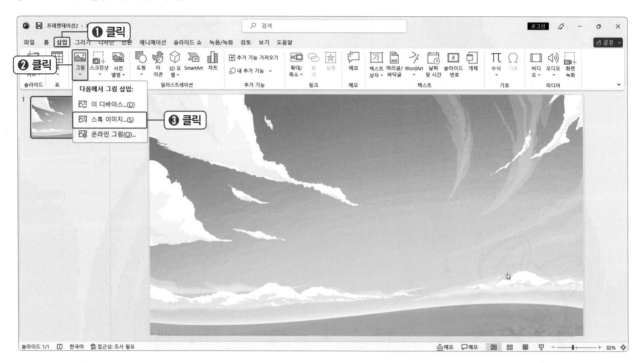

2 [스톡 이미지] 창이 열리면 [만화 캐릭터] 탭에서 [머리]를 클릭한 후 원하는 머리 모양을 선택합니다.

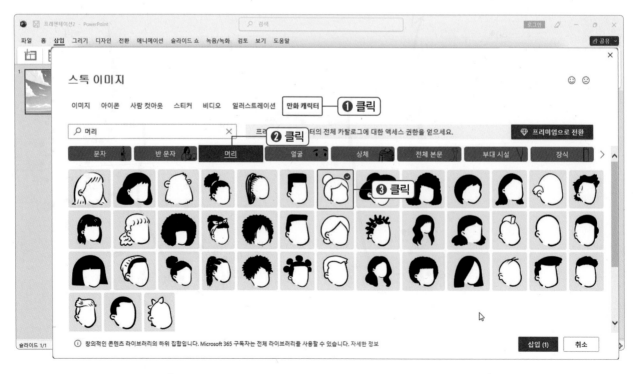

3 [얼굴]을 클릭한 후 원하는 표정을 선택하고 [삽입]을 클릭합니다.

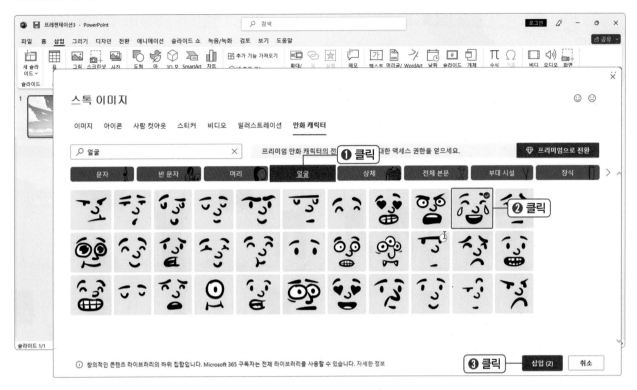

4 두 개의 그림이 겹쳐 삽입되면서 얼굴 표정이 만들어집니다.

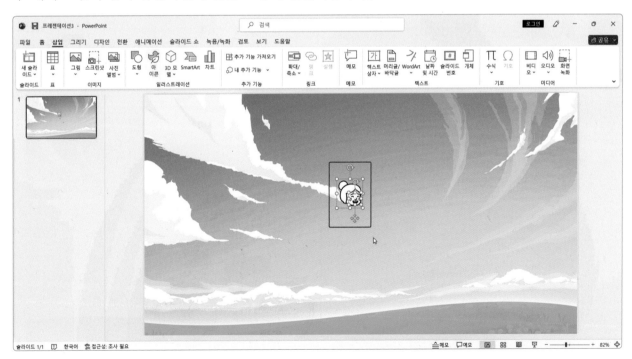

5 [삽입] 탭의 [이미지] 그룹에서 [그림]–[스톡 이미지]를 클릭합니다. [스톡 이미지] 창이 열리면 [만화 캐릭터] 탭을 선택한 후 [전체 본문]을 클릭해 원하는 모양을 선택하고 [삽입]을 클릭합니다.

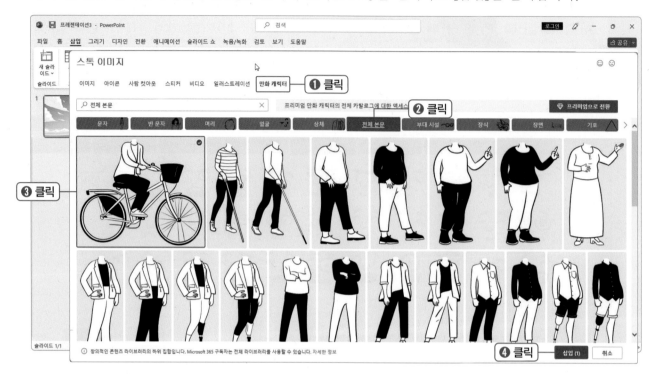

6 그림이 삽입되면 위치를 드래그하여 완성합니다.

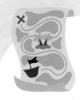

혼자해 보기

❶ [스톡 이미지]의 [만화 캐릭터]를 사용하여 재미있는 캐릭터를 만들어 보세요.

▶ 준비 파일 : 없음   ▶ 완성 파일 : 19_혼자해보기1(완성).pptx

❷ [스톡 이미지]의 [만화 캐릭터]를 사용하여 캐릭터를 만든 후 캐릭터의 색을 바꿔 보세요.

▶ 준비 파일 : 19_혼자해보기2(준비).pptx   ▶ 완성 파일 : 19_혼자해보기2(완성).pptx

힌트
[그래픽 형식] 탭의 [그래픽 스타일] 그룹에서 [그래픽 채우기]와 [그래픽 윤곽선]

20 동화 이야기

01 키보드 익히기

1 아래의 문장을 적어보고 컴퓨터로 타자 연습을 해보세요.

> 바다 속에 들어가서 커다란 고래를 만나보고 싶어요.
> 마법의 나라에 가면 예쁜 요정들을 만날 수 있을 것 같아요.
> 나는 로봇 친구와 함께 우주 여행을 떠나는 상상을 했어요.

2 아래의 낱말을 바르게 풀어서 자음과 모음으로 적어보세요.

연	필	➡						

책	상	➡						

수	첩	➡						

초	코	칩	➡						

눈	높	이	➡

02 점 잇기

● 점을 이어 그림을 그려 보세요.

03 동화 액자 만들기

▶ 준비 파일 : 20_준비.pptx　　▶ 완성 파일 : 20_완성.pptx

1 파워포인트를 실행한 후 '20_준비.pptx' 파일을 불러와 텍스트를 클릭한 후 동화의 제목을 입력합니다.

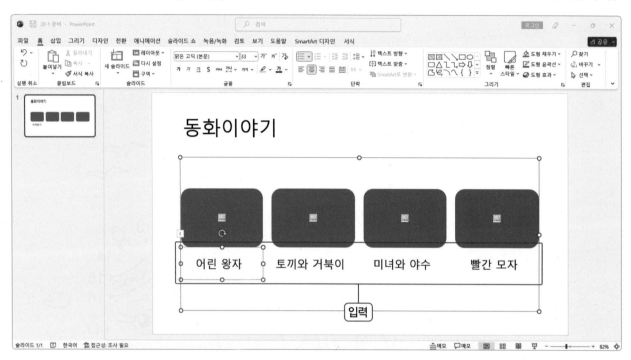

2 SmartArt 박스 중간에 있는 [그림 삽입(🖼)]을 클릭한 후 [온라인 그림]을 선택합니다.

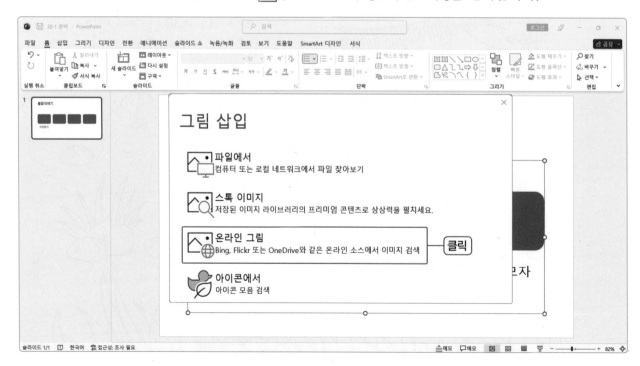

3 검색창에 '어린왕자'라고 입력하고 Enter 키를 눌러 검색한 후 원하는 그림을 선택하고 [삽입]을 클릭합니다.

4 선택한 '어린왕자' 그림이 삽입됩니다.

5 다음 SmartArt 박스 중간에 있는 [그림 삽입(🖼)]을 클릭하고 [온라인 그림] 창이 열리면 '토끼와 거북이'로 검색해 이미지를 삽입합니다.

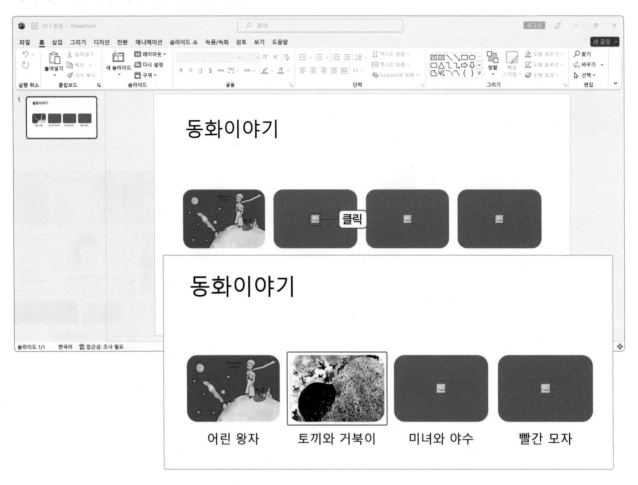

6 같은 방법으로 그림을 추가해 완성합니다.

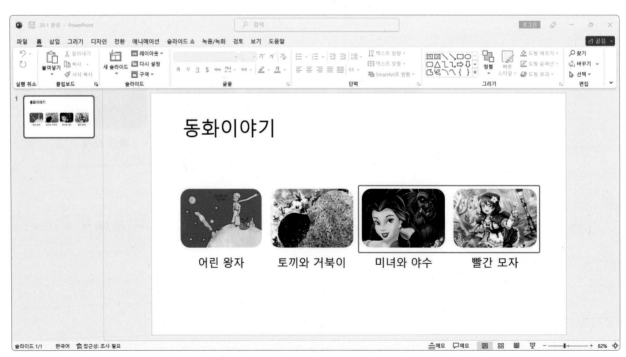

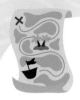

혼자해보기

▶ 준비 파일 : 20_혼자해보기(준비).pptx ▶ 완성 파일 : 20_혼자해보기(완성).pptx

❶ 재미있는 인기 만화를 꾸며 보세요.

재미있는 인기 만화

| [텍스트] | [텍스트] | [텍스트] | [텍스트] |

재미있는 인기 만화

| 흔한 남매 | 전천당 | 마법천자문 | 에그박사 |

21 쇼핑 카트 채우기

01 키보드 익히기

1 아래의 문장을 적어보고 컴퓨터로 타자 연습을 해보세요.

> 해가 지면 하늘이 주황색과 분홍색으로 변해요.
> 강아지가 마당에서 뛰어다니며 공을 물고 와요.
> 새들이 나무 위에서 서로 노래를 부르고 있어요.

2 아래의 낱말을 바르게 풀어서 자음과 모음으로 적어보세요.

운	동	장	➡

나	비	➡

김	밥	➡

의	자	➡

도	서	관	➡

구	름	➡

02 점 잇기

● 점을 이어 그림을 그려 보세요.

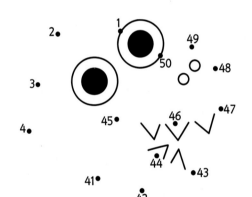

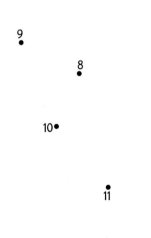

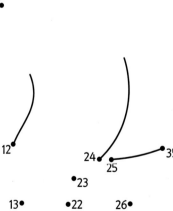

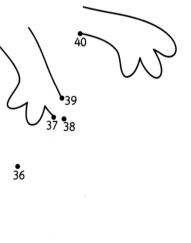

03 이미지로 채우기

▶ 준비 파일 : 21_준비.pptx ▶ 완성 파일 : 21_완성.pptx

1 파워포인트를 실행한 후 '21_준비.pptx' 파일을 불러옵니다. 장바구니에 넣고 싶은 음식을 마우스로 드래그하여 바구니에 넣습니다.

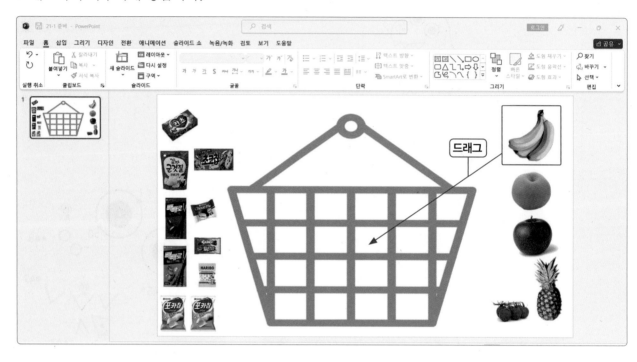

2 더 필요한 그림이 있으면 [삽입] 탭의 [이미지] 그룹에서 [그림]−[온라인 그림]을 선택하여 그림을 더 넣습니다.

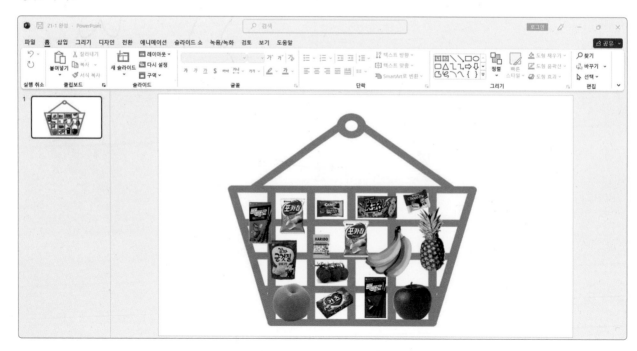

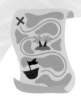

혼자해 보기

▶ 준비 파일 : 21_혼자해보기(준비).pptx   ▶ 완성 파일 : 21_혼자해보기(완성).pptx

❶ 내가 사고 싶은 것들로 카트를 꾸며 보세요.

❷ 내가 먹고 싶은 음식들로 식판을 꾸며 보세요.

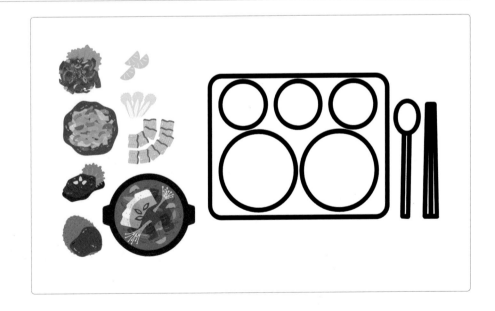

22 냉장고 채우기

01 키보드 익히기

1 아래의 문장을 적어보고 컴퓨터로 타자 연습을 해보세요.

우리 집 앞에는 작은 정원이 있어요.
정원에는 예쁜 꽃들이 가득 피어 있지요.
아침이면 새들이 노래하고, 나비가 꽃을 찾아 날아다녀요.
나는 엄마와 함께 꽃에 물을 주며 인사해요. "안녕, 꽃들아! 잘 자랐니?"
꽃들은 바람에 살랑이며 대답하는 것 같아요.
정원에서 친구들과 숨바꼭질을 하면 정말 재미있어요.

2 아래의 낱말을 바르게 풀어서 자음과 모음으로 적어보세요.

우	주	선	➡							

요	트	➡				

코	스	모	스	➡

꿀	벌	➡	Shift						

양	말	➡						

02 점 잇기

● 점을 이어 그림을 그려 보세요.

5   6   7   8

4

3

2

9
10
11
13
12   14   16
15   17
18
19   21
20   22
23
1   30   25   24
29   26
28   27

03 이미지로 채우기

▶ 준비 파일 : 22_준비.pptx   ▶ 완성 파일 : 22_완성.pptx

1 파워포인트를 실행한 다음 '22_준비.pptx' 파일을 불러옵니다. 오른쪽에서 그림을 냉장고로 드래그합니다.

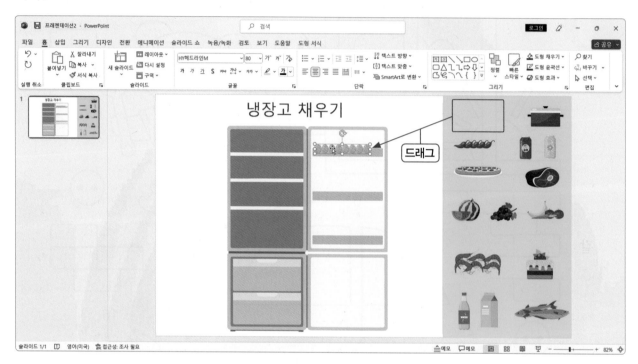

2 같은 방법으로 다른 그림을 냉장고로 이동해 채웁니다.

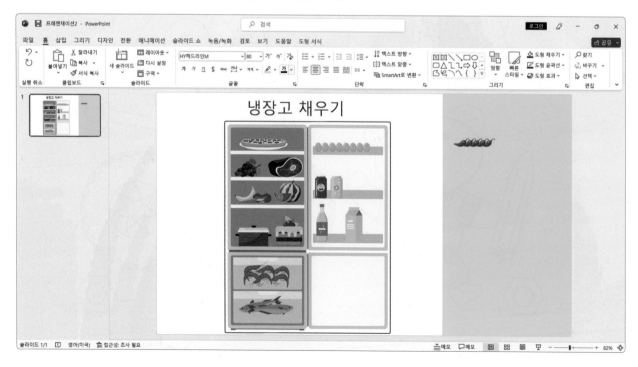

3 '물병'을 선택한 다음 [Ctrl] 키를 누른 상태에서 드래그해 복사합니다.

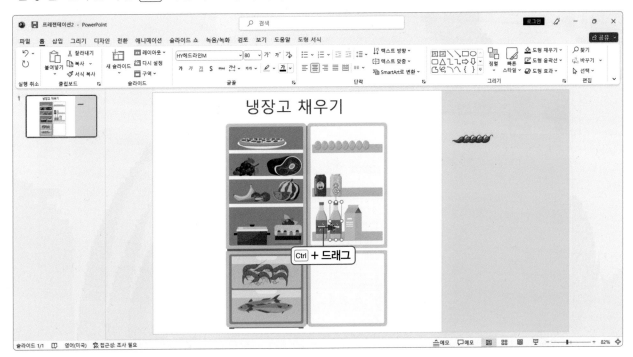

4 같은 방법으로 '우유'도 복사합니다.

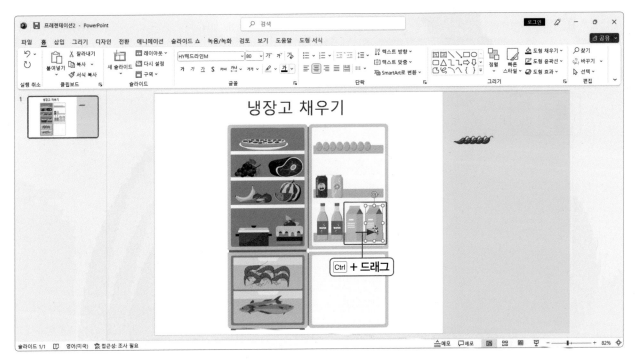

5 '새우'를 선택한 다음 [그림 서식] 탭의 [조종] 그룹에서 [투명도]를 '투명도: 65%'로 선택합니다.

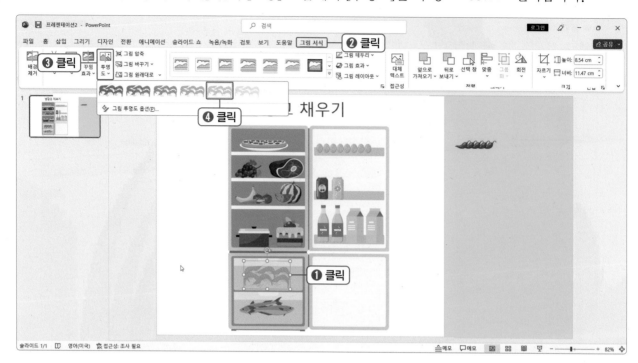

6 투명도를 주어 그림이 칸 안에 들어가 있는 것처럼 만듭니다.

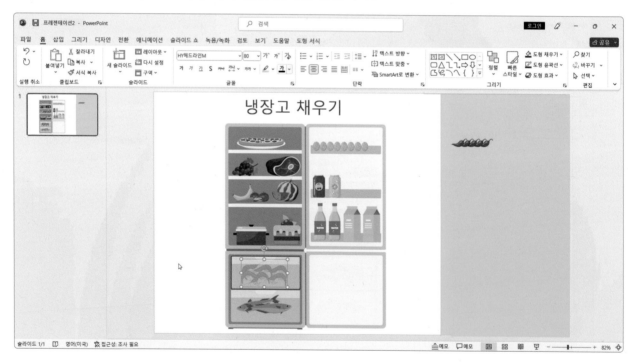

1 그림을 이용해 하늘을 채우고 투명도를 지정해 보세요.

▶ 준비 파일 : 22_혼자해보기1(준비).pptx   ▶ 완성 파일 : 22_혼자해보기1(완성).pptx

하늘 채우기

2 그림을 이용해 풀밭을 채우고 투명도를 지정해 보세요.

▶ 준비 파일 : 22_혼자해보기2(준비).pptx   ▶ 완성 파일 : 22_혼자해보기2(완성).pptx

풀밭 채우기

23 봄 여름 이야기

01 키보드 익히기

1 아래의 문장을 적어보고 컴퓨터로 타자 연습을 해보세요.

> 봄이 왔어요! 따뜻한 햇살이 가득하고 꽃들이 활짝 피었어요.
> 벚꽃은 하늘에서 눈처럼 내려와요.
> 나비와 벌도 깨어나서 꽃잎 위를 날아다녀요.
> 나는 공원에 가서 새싹이 자라는 걸 구경했어요.
> 봄은 정말 신나는 계절이에요!

2 아래의 낱말을 바르게 풀어서 자음과 모음으로 적어보세요.

| 기 | 온 | ➡ | | | | | |

| 꽃 | 잎 | ➡ | Shift | | | | | |

| 개 | 구 | 리 | ➡ | | | | | |

| 축 | 제 | ➡ | | | | | |

| 봄 | 바 | 람 | ➡ |

| | | | | | | | |

● 점을 이어 그림을 그려 보세요.

03 봄 이야기

▶ 준비 파일 : 23_준비.pptx   ▶ 완성 파일 : 23_완성.pptx

1 파워포인트를 실행한 후 '23_준비.pptx' 파일을 불러옵니다.

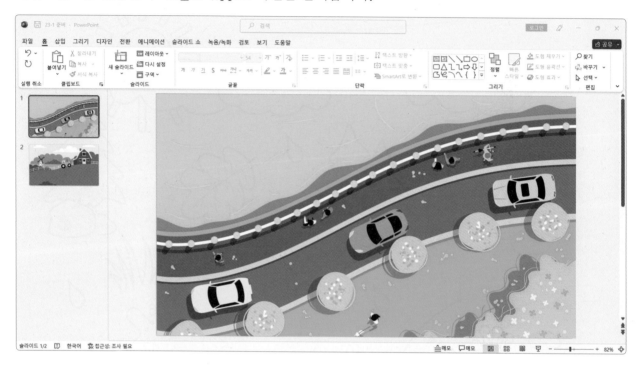

2 [삽입] 탭의 [텍스트] 그룹에서 [WordArt]의 '채우기: 검정, 텍스트 색 1, 윤곽선: 흰색, 배경색 1, 진한 그림자: 파랑, 강조색 5'를 선택합니다.

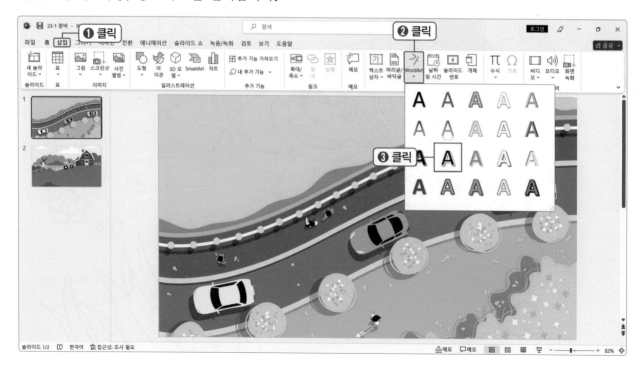

3 '봄 이야기'라고 입력하고 원하는 위치로 드래그합니다.

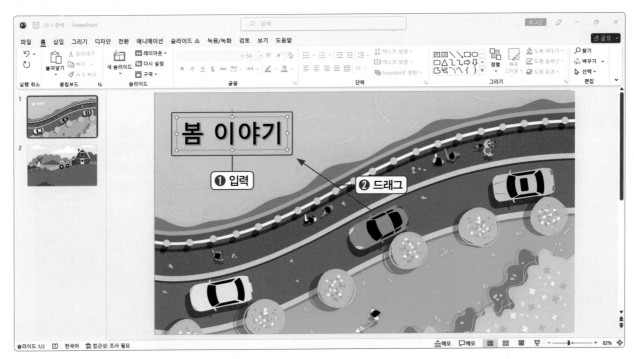

4 '슬라이드 2'를 선택한 후 [삽입] 탭의 [텍스트] 그룹에서 [WordArt]의 '채우기: 주황, 강조색 2, 진한 그림자: 주황, 강조색 2'를 선택합니다.

5 '봄은 따뜻해서 좋아'라고 입력하고 원하는 위치로 드래그합니다.

6 같은 방법으로 다른 워드아트를 삽입한 다음 '봄이 기다려져'를 입력합니다.

▶ 준비 파일 : 23_혼자해보기(준비).pptx   ▶ 완성 파일 : 23_혼자해보기(완성).pptx

❶ 워드아트를 삽입해 나만의 여름 이야기를 만들어 보세요.

여름 이야기

여름은 바다가 좋아
바다야 기다려

24 가을 겨울 이야기

01 키보드 익히기

1 아래의 문장을 적어보고 컴퓨터로 타자 연습을 해보세요.

> 가을이 왔어요! 나뭇잎들이 노란색과 빨간색으로 물들었어요.
> 바람이 살랑살랑 불면 나뭇잎이 떨어져요.
> 나는 떨어진 낙엽을 모아 큰 산을 만들었어요.
> 친구들과 낙엽 더미 속에 뛰어들며 웃음이 가득했지요.
> 가을은 시원하고 예쁜 계절이에요!

2 아래의 낱말을 바르게 풀어서 자음과 모음으로 적어보세요.

낙	엽	➡					

편	지	➡					

독	서	➡					

단	풍	➡					

여	행	➡					

02 점 잇기

● 점을 이어 그림을 그려 보세요.

03 가을 이야기

▶ 준비 파일 : 24_준비.pptx   ▶ 완성 파일 : 24_완성.pptx

1 파워포인트를 실행한 다음 '24_준비.pptx' 파일을 불러옵니다.

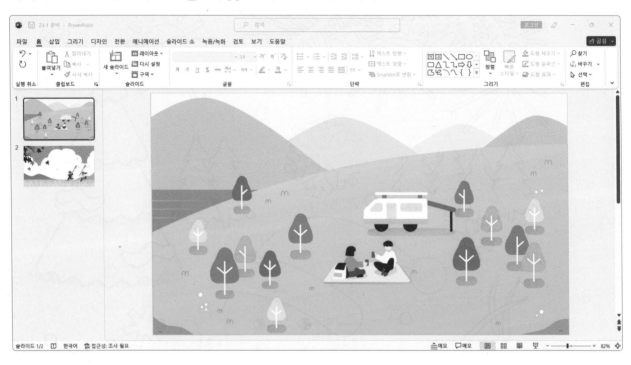

2 [삽입] 탭의 [텍스트] 그룹에서 [WordArt]의 '무늬 채우기: 흰색, 어두운 상향 대각선 줄무늬, 그림자'를 선택합니다.

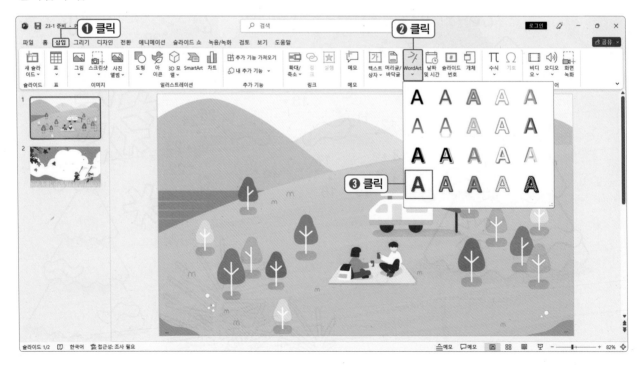

3 '가을 이야기'라고 입력하고 원하는 위치로 드래그합니다.

4 '슬라이드 2'를 선택한 후 [삽입] 탭의 [텍스트] 그룹에서 [WordArt]의 '채우기: 검정, 텍스트색 1, 윤곽선: 흰색, 배경색 1, 진한 그림자: 파랑, 강조색 5'를 선택합니다.

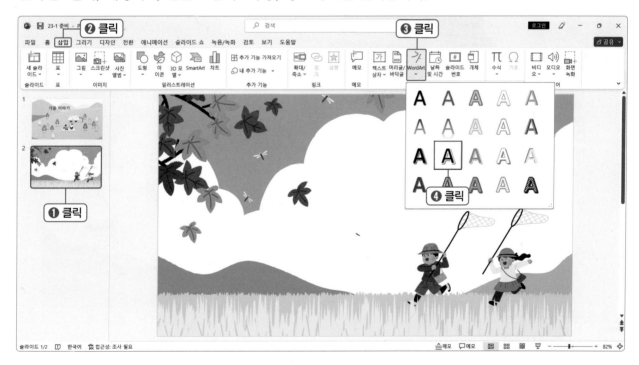

5 '가을에는'이라고 입력하고 원하는 위치로 드래그합니다.

6 같은 방법으로 다른 워드아트를 삽입한 다음 '신나는 일이 많아'를 입력합니다.

① 워드아트를 삽입해 겨울 이야기를 만들어 보세요.

▶ 준비 파일 : 24_혼자해보기1(준비)pptx   ▶ 완성 파일 : 24_혼자해보기1(완성).pptx

② 워드아트를 삽입해 방학 이야기를 만들어 보세요.

▶ 준비 파일 : 24_혼자해보기2(준비).pptx   ▶ 완성 파일 : 24_혼자해보기2(완성).pptx

CERTIFICATE

이 학생은 컴퓨터 초급교육 과정을
성실히 이행하였으므로 이 증서를 수여합니다.

20   년   월

DATE

SIGNATURE